Auszeit

Oliver von Flotow war nach dem Studium der Mathematik und Informatik lange in Entwicklung und Management medizintechnischer Projekte tätig. Heute arbeitet er als Autor und Fotograf und engagiert sich ehrenamtlich in der Erlanger Bürgerstiftung, insbesondere im schulischen Bereich.

Auszeit ist nach *Krieg ist immer dumm* sein zweites Buch zu zeitgeschichtlichen Themen.

Oliver von Flotow

Auszeit

Impressionen der Coronakrise

Bibliografische Information der Deutschen Nationalbibliothek: Die Deutsche Nationalbibliothek verzeichnet diese Publikation in der Deutschen Nationalbibliografie; detaillierte bibliografische Daten sind im Internet über dnb.dnb.de abrufbar.

© 2020 von Flotow, Oliver
Herstellung und Verlag: BoD – Books on Demand, Norderstedt
ISBN: 9783751980647

Herausgeber, Autor und Gestaltung: Oliver von Flotow, www.iarik.de

Covergestaltung unter Verwendung eines Fotos von Circe Denyer, ClipArt von Karen Arnold, beide: www.publicdomainpictures.net

Wie von unsichtbaren Geistern gepeitscht, gehen die Sonnenpferde der
Zeit mit unseres Schicksals leichtem Wagen durch; und uns bleibt
nichts, als mutig gefasst die Zügel festzuhalten und bald rechts, bald
links, vom Steine hier, vom Sturze da, die Räder wegzulenken. Wohin es
geht, wer weiß? Erinnert er sich doch kaum, woher er kam.

Johann Wolfgang von Goethe – Egmont, 2. Aufzug [1]

Aber unter den Titel müsstest du dann schon ein Bild von dem Virus
hinkleben, weil sonst wissen die Leute ja nicht genau,
um was für eine Auszeit es geht.

Marc (10)

Inhalt

Auszeit

Markt und Straßen stehn verlassen,
fest verschlossen jedes Haus,
sinnend geh ich durch die Gassen,
alles sieht so traurig aus.

Auf die Fenster haben Kinder
Regenbögen bunt gemalt.
Schweigend rufen kleine Münder:
Ohne euch ist uns so kalt.

Um den Spielplatz knattern Bänder
einsam rot und weiß gestreift
gegen Kinder aller Länder.
Wo ist der, der das begreift?

Eltern fluchen, Tränen rinnen
in der Häuser Engigkeit,
wo die Menschen ganz von Sinnen
sehnen sich nach Ausgehzeit.

Nach Joseph von Eichendorff

VorGedanken

Wir erleben die Auszeit der Coronakrise im Spannungsfeld zwischen geforderter Distanz und ersehnter Nähe. Dieses Buch zeigt beide Perspektiven in einem erweiterten Kontext: Es ergänzt und verknüpft das weltweite, über die Medien von außen vermittelte Geschehen mit persönlichen Gedanken und Erlebnissen des Herausgebers und weiterer Autoren während der Krise.

Im bisherigen Verlauf des Jahres 2020 beherrschen das Coronavirus und seine Folgen weite Teile unseres Lebens: Unsere Gespräche, unser Denken und Handeln werden davon ebenso bestimmt wie unsere Gefühle. Die Wahrnehmung anderer globaler Bedrohungen, wie etwa die des Klimawandels, wurde in den Hintergrund gedrängt.

Obwohl in der globalen Tragweite wahrscheinlich deutlich drastischer, sich aber schleichend entwickelnd, hat die Veränderung des Klimas harte und schnelle Maßnahmen der Menschen bisher nicht zur Folge. Gefahren, deren Kausalität komplex ist und die uns erst in einigen Jahren oder Jahrzehnten heftiger treffen werden, mobilisieren unsere Abwehrkräfte nur sehr verhalten. Zumal die Wirkung von Gegenmaßnahmen stark verzögert eintritt.

Anders reagieren wir bei einem Virus wie SARS-CoV-2, dessen Auftreten schnell zu weitreichenden Folgen führt. Allerdings handeln wir auch in diesem Fall erst, wenn die Gefahr unmittelbar deutlich wird. Die Effektivität unserer Schutzmaßnahmen ist schnell überprüfbar, die Entwicklung von Medikamenten und eines Impfstoffs verspricht eine einfache und weltweit einsetzbare Lösung des Problems in einem überschaubaren Zeitraum. Die ökonomischen Auswirkungen unserer Maßnahmen sind zwar immens, scheinen aber beherrschbar.

Das Jahr 2020 wird in den Geschichtsbüchern und in unserem Gedächtnis deutliche Spuren hinterlassen: Bilder von Militärfahrzeugen, die in der Dunkelheit die Leichen von an Covid-19 Verstorbenen abtransportieren, Bilder von Patienten an Beatmungsgeräten, Bilder von bäuchlings gelagerten Kranken auf Intensivstationen. Erinnerungen an Angst und Sorge um unsere Gesundheit, um die unserer Familien und Freunde, auch an das Gefühl der Ungewissheit über die weitere Entwicklung.

Wahrscheinlich erkennen wir bei einer späteren Lektüre dieses Buches Entwicklungen, die die Krise ausgelöst hat – gute und weniger gute. Womöglich schütteln wir aus einer zukünftigen Perspektive heraus irritiert den Kopf über die aufgeregten, weltweiten Reaktionen und die Fehler, die dabei gemacht wurden. Aber werden die Ereignisse der vergangenen Monate unsere Zukunft auch langfristig deutlich beeinflussen, eine Zäsur der gesellschaftlichen, politischen oder ökonomischen Entwicklung markieren? Zweifel sind angebracht.

Die Coronakrise wird Gegenstand von Schulaufsätzen, Referaten, Vorlesungen, Seminaren, Doktorarbeiten und vielem mehr sein. Sie inspiriert bereits jetzt ungezählte Künstler zu neuen Werken, zu Büchern und Bildern, zu Filmen, Theaterstücken und musikalischen Kompositionen. Auch dieses Buch ist aus einem derartigen Impuls entstanden.

Sein erster Teil dokumentiert die Entwicklung der frühen Krisenmonate in chronologischer Reihenfolge. Schlagzeilen und Meldungen, Meinungen, Berichte und Analysen bilden den Hintergrund für die Anmerkungen des Herausgebers. Meist sachlich, vereinzelt auch bissig-ironisch, kommentiert er die Geschehnisse. Im zweiten Teil erzählen Menschen aus drei Generationen in kleinen Geschichten und Gedichten, was sie und ihre Familien während der Krise bewegt hat.

Oliver von Flotow – im Oktober 2020

Eine Chronik

Dezember 2019

Dienstag, 31. Dezember 2019

Erste Meldungen über eine unbekannte Lungenkrankheit in China. Die *Deutsche Welle* spricht von der Möglichkeit einer bevorstehenden Pandemie, wenn auch noch mit Fragezeichen. [2]

Januar 2020

Montag, 06. Januar 2020

Die Lungenkrankheit scheint „rätselhaft". Die Behörden reagieren, die Weltgesundheitsorganisation schaltet sich ein. [3]

Donnerstag, 09. Januar 2020

Erste Erkenntnisse: Die Lungenkrankheit soll von einem neuartigen Virus aus der Familie der Coronaviren verursacht werden. [4]

*Ein **Virus** ist ein „sehr kleines, aus Nukleinsäure als Träger der genetischen Information und einer umhüllenden Proteinkapsel bestehendes Element, das*

*meist erst elektronenmikroskopisch sichtbar ist, über keinen eigenen Stoff-
wechsel verfügt, sich daher nur in lebenden Zellen vermehren kann und bei
Lebewesen häufig Krankheiten erregt" [5].*

Mittwoch, 22. Januar 2020

Auch Donald Trump hat das Virus zur Kenntnis genommen. Er tönt in seiner unnachahmlichen Art:
   "We have it totally under control." [6]

Donnerstag, 23. Januar 2020

Die *WHO* beschwichtigt, sie sehe noch keine internationale Notlage. [4]

Die Medien berichten über drastische Maßnahmen in der chinesischen
Stadt Wuhan: Praktisch die ganze Stadt stehe unter Quarantäne. Das Virus könnte sich von einem Fischmarkt aus verbreitet haben. [4]

Freitag, 24. Januar 2020

Auch außerhalb Chinas treten nun Corona-Fälle auf. Auf die damit ver-
bundenen Gefahren für die Weltbevölkerung wird aufmerksam gemacht.
[7]
   Es scheint mir nur eine Frage der Zeit zu sein, bis das Virus Deutschland erreicht.

Ein Krisenstab in Berlin berät über eine geplante Evakuierung von etwa 90 Deutschen aus Wuhan. [4]

Das Virus ist in Deutschland angekommen, eine Firma in der Nähe von München gerät in die Schlagzeilen, ein Mitarbeiter hat sich infiziert. [8]

Die *WHO* berichtet, dass der Krankheitsausbruch eine internationale Notlage darstellt. [9]
   Die warnenden Stimmen haben also recht behalten.

In Heinsberg, einer Stadt in Nordrhein-Westfalen, häufen sich die Infektionen, die dortige Kreisverwaltung gibt Empfehlungen für China-Rückkehrer heraus. [10]

Das Bundesgesundheitsministerium veröffentlicht eine Eilverordnung zur namentlichen Meldung von Corona-Krankheitsfallen. [11]

Ein Januar

Es war einmal ein Januar. Da war die Welt noch in Ordnung. Der Papst schlug einer Frau auf die Hand, Boris Johnson plante eine ausgelassene Brexit-Feier und Buschbrände fackelten Australien ab. Und es war, als Harry und Meghan ihrer royalen Rechte verlustig gingen.

Da machte sich auf ein Virus vom Geschlecht der Corona aus China, aus der Stadt Wuhan, damit es die Welt erkunde. Aber es war kein harmloses Virus. Als die Menschen sahen, dass es gefährlich war, errichteten sie sogleich Mauern, damit es sich nicht weiter ausbreite. Auch war es ihnen nicht angenehm, dass das Virus bei ihnen seinen Ausgang genommen hatte, und so versuchten sie, darüber zu schweigen.

Doch es war ein Januar im Jahre des Herrn zweitausendundzwanzig, einer Zeit, in der die Menschen sich mächtig glaubten. Botschaften verbreiteten sich geschwind wie das Licht um die Welt, und ein Virus benötigte keinen reitenden Kurier mehr, um sich auf eine lange Reise zu begeben …

Februar 2020

Die Deutschen aus Wuhan werden ausgeflogen. Fast alle müssen in Quarantäne. [4]

Alte Reflexe kommen auf: Taxifahrer in Berlin sollen asiatisch aussehende Menschen die Mitfahrt verweigert haben. Es scheint, dass sie auch als Restaurantbesucher nicht mehr überall willkommen sind. [12]

Es fällt auf – aber eigentlich fällt es wie immer überhaupt nicht auf – dass Angela Merkel sich nicht zur Virusgefahr äußert. Wie in anderen Situationen auch beobachtet sie die Lage zunächst schweigend von einer sicheren Warte. Dieses Mal schickt sie ihren Gesundheitsminister Jens Spahn vor. Eine schöne Gelegenheit für ihn, sich zu profilieren.

Die 3.700 Passagiere eines japanischen Kreuzfahrtschiffes dürfen für zwei Wochen nicht mehr an Land, weil sich zehn von ihnen infiziert haben. [4]

Weltweit wird an einem Impfstoff gegen das Coronavirus geforscht. Ein

Tübinger Unternehmen soll schon sehr weit damit sein. [13]

Da ist hinter den Kulissen wahrscheinlich ein Wettlauf im Gange, die großen Gelder winken.

Freitag, 07. Februar 2020

Ein chinesischer Augenarzt hatte schon im Dezember auf den Ausbruch einer neuen Krankheit hingewiesen, die Behörden hatten ihn daraufhin wegen der Verbreitung von Gerüchten zur Rechenschaft gezogen. Jetzt ist er am Coronavirus gestorben. [4]

Dienstag, 11. Februar 2020

Man hat nun einen einheitlichen Namen für die vom Coronavirus ausgelöste Krankheit definiert: Covid-19.

> *Covid-19 (Coronavirus disease 2019): „Zu den [...] Symptomen zählen Husten, Fieber, Schnupfen, sowie Geruchs- und Geschmacksverlust [...]. Der Krankheitsverlauf variiert in Symptomatik und Schwere, es können symptomlose Infektionen bis hin zu schweren Pneumonien mit Lungenversagen und Tod auftreten."* [14]

Mittwoch, 12. Februar 2020

China nutzt die Gelegenheit und beruhigt besorgte Bürger: Man müsse nur auf die Partei hören, dann brauche man keine Angst vor dem Virus zu haben. [15]

Auch in die Schlafzimmer der Nation wirft die chinesische Obrigkeit einen mahnenden Blick: Sie meint, wenn man zu Hause bleibe und ein zweites Kind zeuge, sei dies ein Beitrag zum Wohl des Landes. [15]

Donnerstag, 13. Februar 2020

Endlich einmal eine erfreuliche Nachricht: Der erste von 16 Corona-Patienten ist in München aus der Klinik entlassen worden. [4]

Lothar Wieler, Präsident des *Robert Koch-Instituts*:
„Wir schätzen, Stand heute, die Gefahr für die Bevölkerung gering ein, weil das Virus nicht in Deutschland ist." [16]
Stand heute ... und morgen kann es schon anders sein. Beruhigt mich kaum. Nicht in Deutschland? Und was ist mit den verbleibenden 15 Patienten in der Münchner Klinik?

Samstag, 22. Februar 2020

Der erste Corona-Tote in Italien. Prompt kursieren die ersten Witze: Was muss man tun, um beim Arzt nicht warten zu müssen, bis alle durch sind? – Man grüßt laut mit „Buongiorno!"

Sonntag, 23. Februar 2020

Heute klingen die Meldungen aus Italien schon bedrohlicher: In der Lombardei werden strenge Ausgangsbestimmungen erlassen. [17]

Dienstag, 25. Februar 2020

Donald Trump meldet sich fast jeden Tag zu Wort. Nicht alles ist erwähnenswert, aber er strahlt Optimismus aus. Heute meint er, die USA seien "close to a vaccine". [18]

Donnerstag, 27. Februar 2020

Corona ist in den Köpfen der Kinder angekommen: In einer Erlanger Grundschule machen sie sich über das Virus lustig, vermuten es in den Leuchtstoffröhren des Klassenzimmers und warnen mich kreischend davor, das Licht einzuschalten.

Ich erkundige mich in meiner Apotheke ganz vorsichtig nach dem Desinfektionsmittel *Sterillium*. Mitleidiges Lächeln. Man meint, wenn ich achtzigprozentigen Alkohol im Haus hätte, würde das auch helfen. Ich muss gleich mal in meinen Vorräten nachsehen …

Freitag, 28. Februar 2020

Auftritt Boris Johnson. Auftritt des Ministerpräsidenten von Großbritannien. Er weiß guten Rat:

"The best thing people can do to prevent the spread of coronavirus is wash your hands." [19]

Erste Berichte über Hamsterkäufe machen die Runde. Es scheint ernst zu werden. Lasse ich mich davon anstecken? Nudeln und Konserven sind sehr gefragt. Nicht zu toppen ist der Run auf Klopapier und Desinfektionsmittel. [20]

Klopapier? Warum das denn? Verursacht das Virus etwa auch Durchfall? Die Öffentlichkeit rätselt, Psychologen werden um Erklärung gebeten.

Wie wir wissen, ist *hoax* ein Lieblingswort von Donald Trump. Alles, wohinter er böswillige Erfindungen vermutet, bezeichnet er so. Der Begriff hat den *alternative facts* längst den Rang abgelaufen. Und weil die Demokraten natürlich auch in der Coronakrise ein willkommener Gegner sind, verdächtigt er sie, der Ausbruch der Krankheit sei deren mutwillige Täuschung, um die Krise politisch auszuschlachten. [21]

NachGedanken

Der Herdentrieb

Ach, der Mensch – denkend, abwägend, rational. Risiken und Gefahren klug und realistisch einschätzend. Eben kein Affe mehr. Allen atavistischen Anwandlungen erfolgreich widerstehend.

Herdentrieb? Da stehn wir drüber!

Nein, wir gucken nicht zum Himmel, wenn ein paar andere es tun. Wir rennen nicht hinterher, nur weil bei Rot einige über die Straße laufen. Wir kaufen die Sneakers nicht, auch wenn sie zwei Millionen Likes haben.

Und dennoch: Waren wir nicht ein wenig beunruhigt beim Anblick des leeren Supermarktregals? Haben wir nicht heimlich im Kopf überschlagen, wie lange das Klopapier zu Hause noch reichen würde? Haben wir nicht ungläubig noch einmal ganz scharf hingesehen?

Die Gazelle kommt schnell in die Hufe, wenn alle ihre Kumpel plötzlich losrennen. Ist vielleicht doch nicht so dumm.

März 2020

Boris Johnson fährt einen ähnlichen Kurs wie Donald Trump. Ist es trotzig oder einfach nur naiv, wenn er sagt, dass er laufend Hände schüttelt und dies auch weiterhin tun wird? [22]

Vielleicht ist es aber auch die weise Kunst eines Staatslenkers, der es versteht, sein Volk nicht zu beunruhigen.

Der Run auf Toilettenpapier scheint ein weltumspannendes Phänomen zu sein. [23]

Das Bayerische Staatsministerium für Gesundheit und Pflege rät in einem Merkblatt, das „Busseln" zu vermeiden. [24]

Ist das niedliche Selbstironie oder Verharmlosung? Eher wahrscheinlich Folklore, um zu zeigen, wie nah man dem Volk ist.

Immer wieder wird Covid-19 mit der Grippe verglichen. Wenn es stimmt, dass an der Grippe jedes Jahr weltweit wirklich mehr Menschen sterben als am Coronavirus, dann frage ich mich: Warum regen wir uns über die jährlichen Grippetoten nicht auf? Mir fallen mögliche Gründe ein:

- Wir kennen das Influenzavirus schon lange, es ist ein fester Bestandteil unserer kalten Jahreszeit, eine Gefahr, an die wir uns gewöhnt haben.

- Den Medien sind die Grippetoten kaum eine Meldung wert, sie sind ja auch nichts Neues.
- Vor allem aber: Die Grippe ist bestens erforscht, wir können uns dagegen impfen lassen.

In Italien spitzt sich die Lage zu, die Kapazitäten der Krankenhäuser sind erschöpft. Ein Anästhesist aus Bergamo erzählt ergreifend vom Corona-Alltag in seiner Klinik und von Entscheidungen über Leben und Tod:

"Si decide per età, e per condizioni di salute. Come in tutte le situazioni di guerra." [25]

Man entscheidet nach Alter und Gesundheitszustand. Wie in allen Kriegssituationen.

Lassen wir den Tag dennoch heiter ausklingen. Weil es so schön ist, soll Donald Trump sich über seine einzigartigen Fähigkeiten äußern dürfen:

"People are really surprised I understand this stuff. Every one of these doctors said: 'How do you know so much about this?' Maybe I have a natural ability." [26]

Wären doch alle Menschen so schlau, die Welt hätte kaum noch Sorgen.

Mittwoch, 11. März 2020

Es soll doch alles ganz harmlos sein. Warum verhängen die USA dann eine Einreisesperre für Europäer? [27]

Die *Deutsche Welle* hatte bereits früh das Wort *Pandemie* ins Spiel gebracht. Nun weiß es auch die *WHO*:

"We have therefore made the assessment that Covid-19 can be characterized as a pandemic." [28]

Für und Wider allgemeiner Schulschließungen werden diskutiert. [29]

Ich sage alle Termine der nächsten Woche ab. Die Gastgeberin eines geplanten Abendessens ist enttäuscht und meint: „Aber das ist doch noch gar nicht verboten."

Donnerstag, 12. März 2020

Boris Johnson macht eine Kehrtwende und spricht nun deutlich über den Ernst der Lage:

"This is the worst public health crisis in a generation." [19]

Die Krise ist in der Wirtschaft angekommen, der DAX verliert fast 1300 Punkte. [30]

Meine Zuversicht schwindet deutlich.

Das Fernsehen beregnet (segnet?) uns mit einer Sondersendung nach der anderen. Der Aus-Knopf ist nur schwer zu finden. Die Stimme der Virologen ist gefragt. Besonders begehrt ist Christian Drosten von der *Charité* in Berlin. Er erklärt das sogenannte *Präventionsparadoxon*, nach dem das Verhindern von Risiken eine undankbare Sache sei, weil man ja nicht sehe, was man verhindert hat. [31]

Freitag, 13. März 2020

Ich sitze im Auto, es ist neun Uhr, als Markus Söder, Ministerpräsident von Bayern, in einer Pressekonferenz sagt:

„Die Lage verschlechtert sich. [...] Ab kommendem Montag werden die Schulen, Kindertagesstätten, Kindergärten geschlossen." [32]

Ist dies so ein Moment, von dem man sein Leben lang wissen wird, wo man die Nachricht erhalten hat? Wie der Mauerfall oder 9/11?

Auch die großen Kirchen melden sich jetzt zu Wort. So sagt Heinrich Bedford-Strohm, der Ratsvorsitzende der Evangelischen Kirche in

Deutschland:

„Als Christen leben wir nicht aus der Angst, sondern aus dem Vertrauen. Bei allem was jetzt an Vorsichtsmaßnahmen zu ergreifen ist, wissen wir: ‚Gott hat uns nicht gegeben den Geist der Furcht, sondern der Kraft und der Liebe und der Besonnenheit.‘“ [33]

Aufmunternde Worte, die bei manchen Menschen sicher die erhoffte Wirkung haben werden, gewiss. Dennoch: Wenn es nicht Gott war, der uns den Geist der Furcht gegeben hat, wer war es dann? Und können Furcht und Angst nicht durchaus sinnvolle Empfindungen sein?

Nicht nur die Entwicklung eines Impfstoffs wird intensiv vorangetrieben, sondern auch die Suche nach einem Medikament, das den Krankheitsverlauf mildern kann. In diesem Zusammenhang wird immer wieder das Ebola-Mittel *Remdesivir* erwähnt. [34]

Und noch einmal der Vergleich mit der Grippe: Entgegen dem alarmistischen Mainstream rufen leitende Ärzte des *Gemeinschaftskrankenhauses Havelhöhe* in Berlin zur Versachlichung im Umgang mit der neuen Infektionskrankheit auf. Unter anderem bewerten sie deren Gefährdungspotenzial und vergleichen es mit dem der Grippe. [35]

Sonntag, 15. März 2020

Haben wir Grund zum Stolz, wenn Donald Trump nun versucht, die schon erwähnte Tübinger Impfstoff-Firma zu kaufen? [36]

In jedem Fall ist der Plan Ausdruck von *America First* und Trumps Gier nach *Deals*.

Die Ausbreitung des Virus ist auch eine Folge der Globalisierung. Wegen der unzureichenden Infrastruktur sind die Folgen für die Bevölkerung Afrikas besonders drastisch. [37]

Da hilft es den Afrikanern wenig, dass schwere Epidemien, wie zum

Beispiel Ebola, bei ihnen viel mehr zur allgemeinen Lebenserfahrung gehören als für uns Europäer.

Nachdem die Briten eine Zeitlang dem Prinzip der Herdenimmunität gefolgt sind, scheinen sie nun auf die Linie der meisten anderen Länder umzuschwenken. [38]

__Herdenimmunität__: „Schutz vor einer Infektion, den Individuen genießen, wenn ein großer Teil der Population resistent gegen den entsprechenden Krankheitserreger ist." [39]

Montag, 16. März 2020

Frankreichs Präsident Emmanuel Macron wählt deutliche Worte:
«Nous sommes en guerre.» [40]
Wir befinden uns im Krieg.
Hierzulande gäbe es wahrscheinlich einen Aufschrei, wenn Angela Merkel vergleichbar martialische Worte für den Kampf gegen das Virus verwenden würde.

Die Italiener versuchen, einigermaßen mit ihrer erzwungenen Isolation zurechtzukommen: Gemeinsam singen und musizieren viele von ihnen auf den Balkonen. [41]
Es sind anrührende Bilder, die wir zu sehen bekommen. Oder in der Sprache von twitter & Co.: #andratuttobene – #tousàlafenêtre

Der österreichische Ort Ischgl wird als Quelle vieler Infektionen angesehen. Deutsche Urlauber bringen das Virus mit nach Hause. [42]
Ich sehe mir ein paar Videos über die ausgelassenen Feiern dort an und denke: Auch die Viren feiern ihre Orgien.

Bayern ruft den Katastrophenfall aus. [43]
Man sollte sich durch das K-Wort nicht irritieren lassen, es sagt nichts

über die Lage jedes Einzelnen aus, sondern dient vor allem dazu, juristische Hürden zu beseitigen. Dennoch: Beruhigend ist das nicht gerade. Wird hier übertrieben? Wenn ja, könnte ich als vorsichtiger Mensch damit leben, wir wissen ja sowieso noch viel zu wenig über das Virus und die Krankheit.

So schnell kann es gehen: Die Einschränkungen des privaten und öffentlichen Lebens, die wir noch vor zwei Monaten für Deutschland für undenkbar gehalten haben, sind nun auch hier Realität. [44]

Dienstag, 17. März 2020

Einen kleinen Überblick zu Beginn des *Lockdowns* geben ein paar Schlagzeilen aus den *Nürnberger Nachrichten* von heute:
- Stillstand in Bayern
- Dramatische Lage für Freiberufler
- Totenstille im Klassenzimmer
- Grenzen dicht – Die Europäische Union verhängt Einreiseverbot

Das Auswärtige Amt gibt eine Reisewarnung für touristische Reisen ins Ausland aus. [45]

Ich suche nach belletristischer Literatur über epidemisch auftretende Krankheiten. *Die Pest* [46] von Albert Camus ist eine Fundgrube für Parallelen zur jetzigen Situation. Ich blättere darin, fühle mich an langweilige Schulstunden erinnert und staune über Passagen, die teilweise exakt heutige Fragen und Probleme beschreiben. So zum Beispiel, wenn es um die Rückkehr von Menschen geht, die vor dem Ausbruch der Krankheit das Land verlassen haben. Dazu passt eine Meldung von heute, die über die Planung zur Rückholung deutscher Touristen aus dem Ausland berichtet. [45]

Das *Dekameron* [47] von Giovanni Boccaccio und Thomas Manns *Tod in Venedig* [48] beschreiben ebenfalls Seuchensituationen – ironischerweise in Italien. Hier bilden die Krankheiten den dunklen Hintergrund für das Geschehen.

Auf der ganzen Welt werden Sportveranstaltungen gestrichen oder verschoben. Nur Olympia beharrt auf seinen Plänen. [49]

Mittwoch, 18. März 2020

Die aktuelle Situation macht uns die überragende Bedeutung des Klinik- und Pflegepersonals besonders bewusst. Nicht zum ersten Mal werden Forderungen nach einer angemessenen Vergütung erhoben: Nur auf den Balkonen zu stehen und zu klatschen, reiche nicht aus. [45]

#coronaapplaus – #onapplaudit

Angela Merkel sieht den Zeitpunkt für eine Fernsehansprache gekommen. Ein Satz wird mir besonders in Erinnerung bleiben:
„Es ist ernst. Nehmen Sie es auch ernst." [50]
Entgegen ihrer Gewohnheit spricht sie eindringlich und emotional. Sie hebt sich damit wohltuend ab von den Krachmachern einiger anderer Regierungen.

Die Europäische Zentralbank legt ein Pandemie-Notfallankaufprogramm von 750 Mrd. € auf. [51]
Ich verstehe nichts von Staatsfinanzen und vertraue auf die Kompetenz der Entscheider. Allein der Name des Programms ist schon sehr beeindruckend.

Auch der brasilianische Präsident Bolsonaro verharmlost Corona. Für ihn ist alles „Hysterie". [52]

Die Bundesregierung greift zu einem bewährten Werkzeug in wirtschaftlich schwierigen Zeiten: Die Möglichkeiten der Kurzarbeit werden ausgeweitet. [53]

> *„**Kurzarbeitergeld** soll die bestehenden Arbeitsverhältnisse während der Zeit des Arbeitsausfalles erhalten und kurzfristige Produktionsausfälle überbrücken. Kurzarbeitergeld wird auch gezahlt bei einem zur Stilllegung führenden unabwendbaren Ereignis, wenn der Arbeitsausfall durch behördliche oder behördlich anerkannte Maßnahmen verursacht ist, die der Arbeitgeber nicht zu vertreten hat."* [54]

Der Frühling macht Lust: Vor allem junge Menschen feiern Massenpartys trotz Corona. Passend dazu schreibt Boccaccio in seinem *Dekameron*:

> „Andere aber [...] versicherten, viel zu trinken, gut zu leben, mit Gesang und Scherz umherzugehen, in allen Dingen, soweit es sich tun ließe, seine Lust zu befriedigen und über jedes Ereignis zu lachen und zu spaßen, sei das sicherste Heilmittel für ein solches Übel." [55]

Für schlichte Gemüter bieten Verschwörungsmythen eine Vielfalt von Möglichkeiten, das komplexe Geschehen rund um Corona auf wenige, leicht verständliche Ursachen zurückzuführen: Bill Gates oder die Pharmaindustrie oder 5G-Sendemasten oder biologische Waffe des Pentagon oder göttliche Strafe ... oder alles zusammen.

Donnerstag, 19. März 2020

Die Niederlande schwelgen im Überfluss. So kann ihr Ministerpräsident Mark Rutte locker-flockig behaupten:

> "Er is genoeg wc-papier, we kunnen tien jaar poepen." [56]
> *Es gibt genug Klopapier, wir können zehn Jahre kacken.*

Die Bilder von den mit Corona-Todesopfern beladenen Militärtransportern in Bergamo werden sich in unser kollektives Gedächtnis einbrennen. Weil die dortigen Krematorien überlastet sind, bringt man die Leichen anderswo unter. [57]

Zunehmend wird Kritik an den Corona-bedingten Freiheitsbeschränkungen laut.

Interessant: Es gibt eine Heilige mit Namen Corona. Ironie der Geschichte: Sie firmiert auch als Schutzpatronin gegen Seuchen. [58]

Dank der Krise kommen neue Wörter in den allgemeinen deutschen Sprachgebrauch, *Shutdown* und *Lockdown* beispielsweise. Den *Shutdown* kannte ich bisher nur aus der Computerwelt, auch dort trifft er uns manchmal zur Unzeit. Der *Lockdown* bezeichnet, wenn ich es richtig verstehe, eine Ausgangssperre – die wir in Deutschland bisher nicht haben. Über beide Begriffe sind die Gegner von Anglizismen wahrscheinlich *not amused*.

Freitag, 20. März 2020

Ich beschließe, die durch den *Lockdown* gewonnene Zeit zu nutzen und nehme mir vor, diese Chronik der Krise zu schreiben.

Donald Trump nutzt die Gelegenheit und macht andere Länder für die Ausbreitung von Corona verantwortlich. [59]
    Nichts schweißt ein Volk, ach was, jede Gruppe, mehr zusammen als ein gemeinsamer Feind von außen.

Und noch einmal der amerikanische Präsident: Auf die Frage eines Journalisten, ob er Angst habe, kanzelt der ihn ab mit den Worten "You're a terrible reporter." [60]
    Kein Kommentar.

Auch für Beerdigungen gibt es nun Einschränkungen: Nur wenige Angehörige dürfen dabei sein. [61]
    Auch dies kann, wenig überraschend, in der *Pest* [46] nachgelesen werden.

Im Netz gibt es schöne Szenen aus dem Homeoffice zu sehen: Kinder, die reinrufen oder während einer wichtigen Konferenz ins Bild laufen. [62]

Wegen der Einreisesperren werden Erntehelfer dringend gesucht. [63]

Eine Allgemeinverfügung der Bayerischen Staatsregierung ordnet an:
- „Jeder wird angehalten, die physischen und sozialen Kontakte zu anderen Menschen außerhalb der Angehörigen des eigenen Haushalts auf ein absolut nötiges Minimum zu reduzieren. [...]
- Untersagt werden Gastronomiebetriebe jeder Art. [...]
- Untersagt wird der Besuch von Krankenhäusern sowie Vorsorge- und Rehabilitationseinrichtungen, in denen eine den Krankenhäusern vergleichbare medizinische Versorgung erfolgt. [...]
- Das Verlassen der eigenen Wohnung ist nur bei Vorliegen triftiger Gründe erlaubt. [...]
- Bleiben Sie gesund! Gott schütze unsere Heimat." [64]

Italien schließt alle nicht lebensnotwendigen Unternehmen und Fabriken. [65]

Giuseppe Conte, der Ministerpräsident von Italien, wendet sich in eindringlichen Worten an das italienische Volk:
> "E' la crisi più grave dal dopoguerra. I morti non sono numeri." [66]
> *Es ist die schwerste Krise der Nachkriegszeit. Es wird unzählige Tote geben.*

Angela Merkel muss in häusliche Quarantäne. [67]

Sorge kommt auf, wer könnte sie im Ernstfall vertreten, wer hat das Format dazu? Mir fällt kaum jemand ein.

Die Belastung durch die Ausgangsbeschränkungen wird deutlich. Die Familien sitzen zu Hause eng aufeinander, die Mütter erschöpfen sich zwischen Home-Office, Kinderbetreuung und Haushalt. Ich werde diesem Buch einen zweiten Teil hinzuzufügen, in dem auch andere Menschen über ihre unmittelbare Krisenerfahrung berichten.

#wirbleibenzuhause – #restateacasa – #stayathome – #restezchezvous – #yomequedoencasa

Die Bundesregierung plant ein riesiges finanzielles Notpaket von 156 Milliarden Euro und verabschiedet sich damit von der seit einigen Jahren geltenden Schwarzen Null. [68]

Welch ein Tabubruch. Ich erinnere mich gut an Zeiten, in denen die Schwarze Null nur eine fantastische Träumerei war.

Immer öfter wird gefragt, ob die Virologen einen zu großen Einfluss auf die Politik haben. [69]

Das mag durchaus sein, aber auch ich halte die Virologen für ganz wichtige Ratgeber. Und die Pneumologen? Warum hört man von ihnen so wenig? Haben eigentlich Klimaforscher auch einen vergleichbaren Einfluss auf die Politik?

Dienstag, 24. März 2020

Auch die Briten schränken die Bewegungsfreiheit ein. [70]

Anthony Fauci, der Leiter des *National Institute of Allergy and Infectious Diseases* in den USA und Berater von Donald Trump, ist nicht immer der Meinung seines Chefs:

"I can't jump in front of the microphone and push him down." [71]

Wahrscheinlich ist Fauci einer der nächsten, die gefeuert werden.

Nun also doch: Die Olympischen Spiele werden verschoben. [72]

<hr>

Mittwoch, 25. März 2020

<hr>

Nachdem der Bundestag eine „epidemische Lage von nationaler Tragweite" festgestellt hat [73], erhält das Bundesgesundheitsministerium gemäß § 5 des Infektionsschutzgesetzes „unbeschadet der Befugnisse der Länder" [74] weitgehende Rechte zur Sicherstellung der medizinischen Grundversorgung. Nicht alle Länder scheinen damit glücklich zu sein. Es ist zu hoffen, dass das Profilierungsstreben einiger Ministerpräsidenten damit etwas gedämpft wird.

Ich höre von einer Dame aus meinem Bekanntenkreis, dass sie eine Friseurin sucht, die ihr die Haare schön macht. Ja, man möchte auch in der Krise noch gerne in den Spiegel sehen.

Die Last der Arbeit ist durch die aktuellen Einschränkungen sehr unterschiedlich verteilt, nicht nur das Krankenhauspersonal ächzt unter der Mehrbelastung. Kaum besser geht es dem Personal in Supermärkten. Andere Branchen sind zum Nichtstun verdonnert. Nun zeigt die Krise ein erstaunliches Potenzial an Flexibilität: Aldi und MacDonalds haben vereinbart, dass McDonalds-Mitarbeiter bei Aldi aushelfen können. [75]

Es sieht so aus, als ob viele Menschen, die aus dem Ausland an unseren Flughäfen ankommen, dort einfach durchgewunken werden. [76]
Ich muss mich sehr wundern. Wie kann das sein? Wir Normalbürger dürfen das Haus nur für Arztbesuche und zum Einkaufen verlassen, während andere aus vielleicht viel laxeren Ländern bei uns einfach so hereinspazieren dürfen?

Lebensentscheidende Ethikfragen werden immer häufiger diskutiert. Die *Deutsche Interdisziplinäre Vereinigung für Intensiv- und Notfallmedizin* gibt brisante klinisch-ethische Empfehlungen heraus, die auch „den Verzicht auf Behandlung derer [bedeuten], bei denen keine oder nur eine sehr geringe Erfolgsaussicht besteht." [77]

Immer öfter wird in diesem Zusammenhang das Wort *Triage* genannt.

Triage: *„Einteilung, Kategorisierung von Patienten nach der Dringlichkeit und dem voraussichtlichen Erfolg der Behandlung" [78]*

Donnerstag, 26. März 2020

Gespenstisch: Auf den Landstraßen gähnende Leere, etwa ein einsames Auto in der Minute. Gut gefüllt hingegen: Spazierwege, die sonst nur am Wochenende frequentiert werden.

Die Krise treibt hübsche, wenn auch bizarre Blüten. Ja, körperliche Nähe kann glücklich machen, auch die positiven Auswirkungen auf Hormone (man denke an Oxytocin) und unser Immunsystem sind bekannt. Wie oft und vor allem wie lange müssen wir uns mit wem umarmen, bis das Immunsystem sogar das Coronavirus niedermetzelt? Es gibt Menschen, die kennen die Antworten. Mehr darüber lese man unter [79].

Mir wird ganz schlecht, wenn ich in dieser Zeit von prekären Familiensituationen höre. Ich kenne Kinder, deren Vater auch ohne Corona gerne mal zuschlägt. Wie ist das erst, wenn sie alle pausenlos auf engstem Raum aufeinanderhängen, wenn es Streit gibt und Lagerkoller? Wenn die Kinder nicht mehr rauskommen, fehlt die soziale Kontrolle. Keiner bemerkt ein sonderbares Verhalten oder eine unklare Verletzung. [80]

Die Behörden sind besorgt. Aber auch Frauen haben unter vermehrter häuslicher Gewalt zu leiden. Ein Polizist nennt zwei mögliche Gründe:

„Die Alte hat schlecht gekocht und Sex gab es auch keinen." [81]

Wieder so eine gespenstische Szene: Papst Franziskus spendet den Segen *Urbi et Orbi* in strömendem Regen auf dem fast leeren Petersplatz. [82]

Er sagt unter anderem:

"Fitte tenebre si sono addensate sulle nostre piazze, strade e città; si sono impadronite delle nostre vite riempiendo tutto di un silenzio assordante e di un vuoto desolante [...]." [83]

Tiefe Finsternis hat sich auf unsere Plätze, Straßen und Städte gelegt. Sie hat sich unseres Lebens bemächtigt und alles mit einer ohrenbetäubenden Stille und einer trostlosen Leere erfüllt.

Fast alle Flugzeuge bleiben am Boden. Seltsam, wie sie brav in Reih und Glied geparkt auf den Start- und Landebahnen stehen. Die Luftverschmutzung soll wegen Corona deutlich abgenommen haben [84], zumindest sieht man kaum noch Kondensstreifen am Himmel.

Die Diskussion über die Abwägung zwischen Nutzen und Schaden der Corona-Maßnahmen wird intensiver. Der Deutsche Ethikrat veröffentlicht dazu eine *Ad-hoc-Empfehlung.* [85]

Profiteure der Situation sind wahrscheinlich auch die Hersteller von Schutzwänden aus Acrylglas. Der Supermarkt bei uns hat jetzt auch so Dinger. Man verrenkt sich den Arm, wenn man die Ware vom Band in den Wagen legt.

Auf welche abwegigen Ideen die Menschen kommen:

„Mann absichtlich angehustet: Polizei überwältigt Provokateur." [86]

Auf welche schönen Ideen die Menschen kommen:

„Hallo! Wegen der Coronakrise und da keine Schule ist würde ich gerne für ältere Menschen ihren Hund ausführen." [87]

Ich bemerke bei einem Spaziergang gemalte Regenbögen an einigen Fenstern. Ich finde heraus, was sie bedeuten: Hier wohnen Kinder, die auch zu Hause bleiben müssen. [88]

Ein wenig Trost in düsteren Zeiten.

Erste Stimmen fordern, über den Ausstieg aus den Beschränkungen nachzudenken. [89]

Montag, 30. März 2020

Kliniken und Pflegeeinrichtungen suchen dringend nach Personal. [90]

Gab es voriges Jahr nicht eine Aktion der Bundesregierung zur Anwerbung von Pflegepersonal aus Mexiko? Was ist eigentlich daraus geworden?

Österreich macht das Tragen eines Mundschutzes beim Einkaufen zur Pflicht. [91]

Das Land ist uns in der Pandemie-Entwicklung und deren Bekämpfung eine kurze Zeitspanne voraus, wahrscheinlich wird die Maskenpflicht auch bei uns bald kommen.

Das Auto steht fast nur noch in der Garage. Schade, vom stark gefallenen Benzinpreis profitiere ich erst mal nicht. Aber die Umwelt freut sich und das ist viel wichtiger.

In Indien leiden Obdachlose und Tagelöhner besonders unter der Pandemie. [92]

So banal es klingt: Für viele unserer Probleme, nicht nur die Indiens, ist die viel zu stark wachsende Weltbevölkerung die primäre Ursache. Ich muss an Aussagen denken, die den Menschen als größte Fehlentwicklung der Evolution bezeichnen.

Sollte Mexiko nicht für Trumps Mauer an der Grenze bezahlen? Ich glaube, sie haben keinen Peso herausgerückt. Jetzt fordert ein US-Senator, dass Peking für seine Corona-Lügen und die vielen Toten bezahlen soll. [93]

Das Ergebnis wird nicht anders sein.

Die Corona-Maßnahmen greifen drastisch in unsere Grundrechte ein. Die Verhältnismäßigkeit der Restriktionen wird zunehmend infrage gestellt. [94]

Neuerdings sieht man Exemplare von Homo sapiens immer wieder bei der Aufführung eigenartiger ritueller Tänze.

Einer geht so: Nach Verlagerung ihres Gewichts auf das linke Bein versuchen zwei Erwachsene, sich gegenseitig mit den rechten freischwebenden Füßen zu berühren. Das sieht besonders lustig aus, wenn sie das Gleichgewicht verlieren und zu torkeln oder hüpfen beginnen.

Ein anderer Tanz erinnert an die Drohgebärden einiger Vögel: Beide Erwachsene beugen ihren Oberkörper unter einer Vierteldrehung nach links, spreizen ihre angewinkelten Arme ab und versuchen, ihre rechten Ellenbögen in Kontakt zu bringen.

Beide Tänze werden von einem erstarrten Lächeln und – insbesondere bei mehrfacher Wiederholung – von gelegentlicher Atemnot begleitet.

Dienstag, 31. März 2020

Eine Krankenpflegerin aus Berlin kämpft für bessere Bezahlung und drückt das deutlich aus:

„Euer Klatschen könnt ihr euch sonst wo hinstecken, ehrlich gesagt. [...] Tut mir leid, es so zu sagen, aber wenn ihr helfen wollt oder zeigen wollt, wie viel wir Wert sind, dann helft uns, für bessere Bedingungen zu kämpfen!" [95]

Hoffentlich führt die derzeitige Aufmerksamkeit für die unterbezahlten Menschen, deren Wert uns in der Krise besonders deutlich wird, bald zu deren höherer Wertschätzung und Bezahlung. – Kleines Geständnis: Ich hatte vor, der Kassiererin in unserem Supermarkt beim nächsten Mal 20 Euro obendrauf zu geben, habe es dann aber nicht getan. Ich fürchtete ihre Zurückweisung.

Italiens Ministerpräsident Giuseppe Conte findet heroische Worte:

„Wir schreiben die Seiten eines Geschichtsbuchs. Wir sind angehalten, eine epochale Herausforderung anzugehen und zu bestehen." [96]

Auch die Bayreuther Festspiele fallen dieses Jahr aus. [97]

Die Aufmerksamkeit der Medien richtet sich auf New York. Ganze Batterien von Kühlwagen sind dort vor einem Krankenhaus aufgefahren. Sie dienen als Zwischenlager für die Corona-Toten. [98]

Schweden bleibt bei seinem Alleingang in der Bekämpfung der Infektionen. Während das restliche Europa gelähmt ist, erfreuen sich Restaurants und Skigebiete im Norden des kaum eingeschränkten öffentlichen Lebens, auch wenn die Todeszahlen steigen. [99]

Old School

Was wären unsere Altstädte ohne den Charme ihrer Stadtmauern? Ohne Schießscharten und Zinnen, ohne Gräben und mittelalterliche Türme? Austauschbar, ohne historisches Gesicht.

Was wäre die Europäische Union mit geschlossenen Grenzen, ohne den freien Verkehr von Personen, Waren und Viren? Nur halb so spannend.

Ein Hoch auf Maastricht und Schengen, wir sind weltoffen und leben die europäischen Werte. – So lange wir uns nicht schützen müssen.

Dann nämlich bleibt zusammen, was zusammen gehört. Die anderen müssen draußen bleiben. Wir ziehen uns in häusliche Isolationshaft zurück, verrammeln Türen und Tore, üben uns im Tragen eines Mundschutzes und im modischen Social Distancing. Wir sperren die Grenzen zu benachbarten Bundesländern und Staaten und machen die Außengrenzen Europas dicht. Würden gerne Gräben fluten und Zugbrücken hochkurbeln. Und Eimer mit geschmolzenem Pech bereithalten.

Old School eben. – Alles ganz normal, oder?

April 2020

Der folgende Satz der Kanzlerin klingt fast so, als ob ein Redenschreiber ihn geprägt hätte:

„Eine Pandemie kennt keine Feiertage." [100]

Oder ist ihr der Satz spontan eingefallen? Ist er so platt wie der Vergleich zwischen Leben und Ponyhof? Egal, er umschreibt in einem alltäglichen, sehr plastischen Bild, was sie sagen will.

Kleiner Nachtrag: Ist für eine Pandemie und die beteiligten Krankheitserreger nicht jeder Tag ein Freuden- und Feiertag ...?

Wenn Not auf kindliche Fantasie trifft, dann sind viele Probleme fast schon gelöst. Dann sind Kinder mit ihren Freunden ein unschlagbares Team, das Viren in ihren hinterhältigen Verstecken aufstöbert und sofort zur Strecke bringt:

„Liebe forscher und Zöllner, Ich bin Benjamin, 8 Jahre alt. ihr könnt, ein Metalldetektor erfinden, der Coronaviren findet. Damit ihr sehen könnt ob die Leute Coronavirus haben oder nicht damit die Leute über die Grenze können. Dann kann ich wieder zu meiner Oma. Viele grüsse Benjamin." [101]

Viele Grüße an dich zurück, lieber Benjamin!

Trauerfeiern dürfen nur noch im engsten Familienkreis stattfinden, Bestattungstermine werden nicht mehr veröffentlicht. [102]

Das ist nicht ganz so extrem wie in der *Pest* [46], wo Trauerfeierlichkeiten gänzlich abgeschafft werden. Und wieder meine Bewunderung für Camus' Hellsichtigkeit.

Im Zusammenhang mit dem Einschwenken Großbritanniens und der

Niederlande auf die weltweit angewandte Abwehrstrategie – nur Schweden bildet noch eine Ausnahme – werden die zugrundeliegenden Hauptrichtungen der Ethik auch in der Öffentlichkeit zunehmend erläutert. Dabei stehen sich zwei Grundauffassungen gegenüber:

- Der humanistische Gedanke, der die Würde des menschlichen Individuums über alles stellt und eine Bewertung Leben gegen Leben ablehnt. Er geht auf Immanuel Kant und Wilhelm von Humboldt zurück.
- Ihm steht der utilitaristische Gedanke gegenüber, nach dem das Handeln den höchstmöglichen Nutzen für die Gemeinschaft zum Ziel haben muss. Er hat seine Wurzeln im angelsächsischen Bereich, Jeremy Bentham und John Stuart Mill haben ihn entwickelt. [103]

Donnerstag, 02. April 2020

Ist Denunziation eigentlich eine deutsche Erfindung? Manche Beobachter, auch und gerade im Ausland, werden hellhörig und fühlen sich an die Nazizeit erinnert, wenn sie erfahren, dass in Deutschland Menschen wegen ihres vielleicht fragwürdigen Tuns verpfiffen werden. [104]

In Zeiten der Corona-Beschränkungen finden hier manche Mitmenschen ein weites und wohl sehr erfüllendes Betätigungsfeld. So haben sie zumindest ein wenig Abwechslung in ihrer öden Isolation.

Nach langem Hin und Her dürfen Erntehelfer nun doch einreisen. [105]

Nicht weit von unserem Dorf baut ein Landwirt jedes Jahr Spargel an, der in der ganzen Region einen hervorragenden Ruf genießt. Auf seinen Feldern habe ich in diesem Jahr bisher nur wenige Erntehelfer gesehen, aber vielleicht ist es auch noch etwas zu früh. Sie unterhalten sich dabei in allerlei Sprachen, Deutsch habe ich da noch nie gehört. Seien wir froh, wenn sie nun wiederkommen dürfen.

Angela Merkel und die Bundesregierung erfreuen sich einer hohen Zufriedenheit der Bevölkerung. [106]

Ja, Merkel kann Krise, wenn auch nicht jeder diese Meinung teilt. Übrigens: Auch Markus Söder kommt in vielen Medien gut weg.

Lieber @Komfortfreund, Gratulation zu deinem nachfolgenden Satz, vielleicht warst oder bist du ja selber einer von denen:
„An 2020 werden Generationen von Soziologiestudenten noch viel Freude haben." [107]

Freitag, 03. April 2020

Die Situation in New York ist weiterhin sehr ernst. [108]
Ich muss wieder an die Kühlwagen denken und erspare mir jede Anmerkung zu dieser Meldung.

Ich bin kein Biertrinker und sollte daher wegen mangelnden Sachverstands keinen Kommentar abgeben. Aber dass es das Corona-Bier erst mal nicht mehr geben soll, trifft sicher ganz viele Liebhaber dieses Gerstensafts schwer. So schnell landet eine Krone auf dem Müll. Vielleicht kleben die Hersteller ja einfach einen anderen Zettel auf die Flaschen. [109]

Adidas ist vor kurzem heftig für das Corona-bedingte Aussetzen seiner Mietzahlungen kritisiert worden. Mittlerweile haben sie sich dafür entschuldigt. Dazu passt diese Meldung:
„Puma setzt Dividende aus – Vorstand verzichtet auf April-Gehalt." [110]
Hat Puma die Steilvorlage genutzt, um sich vom Konkurrenten abzuheben und Sympathiepunkte zu gewinnen?

Riesige Maskenmassen verschwinden einfach mal so: Ich könnte mir denken, dass sie auf dem Schwarzmarkt zu astronomischen Preisen verhökert werden. [111]

Ein Virus reist um die Welt: Ist Brasilien das nächste große Opfer? [112]

Es stört mich, dass oft nur nichtssagende absolute Zahlen zur Entwicklung von Corona veröffentlicht werden, anstatt sie zu einer Basisgröße in Bezug zu setzen. Insofern können unsere Medien und Institutionen von einem Beispiel der New York Times lernen: Dort spricht man von „percentage of fatal cases". [113]

Ich sage (fast) jedem, der über die Einschränkungen unserer Freiheit schimpft, dass er sich doch mal die sehr viel dramatischeren Situationen in anderen Ländern ansehen soll. Manche antworten dann „Aber unsere Grundrechte ...". Das sind Klagen auf hohem Niveau, einige brauchen das. Oder weniger polemisch: Ihre Abwägung der Rechte ist, sofern sie denn überhaupt stattgefunden hat, zu einem anderen Ergebnis gekommen.

Jetzt hat es auch Boris Johnson erwischt, er liegt im Krankenhaus. Trotz aller Vorbehalte gegenüber seiner Politik: Gute Besserung! [114]

In der EU flammt der Streit über *Eurobonds* wieder auf. Der Situation angemessen, nennt man sie jetzt *Corona-Bonds*. Wenn es eine Einigung gäbe, wäre das ein Einstieg in die gemeinsame Verschuldung der EU-Länder. Die notleidenden unter ihnen könnten von niedrigeren Zinsen profitieren. [115]

Deutschland und einige anderen Staaten haben sich jahrelang gegen die *Eurobonds* gesperrt, mal sehen, ob die Krise hier etwas bewegt.

Queen Elizabeth, Königin von Großbritannien und Nordirland, wendet sich an ihr Volk. Vielleicht klingt es aus ihrem Munde und in Englisch etwas weihevoller, als es auf Deutsch klänge. Inhaltlich könnte das aber auch ein Staatspräsident sagen, sofern er das Format dazu oder einen guten Redenschreiber hat:

"I am speaking to you at what I know is an increasingly challenging time. A time of disruption in the life of our country: a disruption that has brought grief to some, financial difficulties to many, and enormous changes to the daily lives of us all." [116]

Einige Menschen kritisieren, dass die Gefährlichkeit des Coronavirus, wenn es denn überhaupt existiert, drastisch aufgebauscht wird, um die Menschen gefügig zu machen. Es scheint aber auch Leute zu geben, die meinen, das Virus würde noch viel zu wenig ernst genommen. So soll es ein Papier des Innenministeriums geben, das drastische Maßnahmen zur Verdeutlichung der Gefahr empfiehlt. Man solle zum Beispiel Schwerkranke nicht in die Kliniken aufnehmen, dann würden sie zu Hause qualvoll unter den Augen ihrer Angehörigen ersticken. Man könne auch Kindern suggerieren, schuld am Tod von Vater oder Mutter zu sein, wenn sie sich nicht die Hände waschen. [117]

Ich fasse es nicht!

Dienstag, 07. April 2020

Vielleicht nicht ganz mit der Wucht von Merkels „Wir schaffen das", aber Söder übt ja noch:

„Menschenleben vor Shoppingtouren". [118]

Auch der Vorsitzende des Deutschen Ethikrats plädiert für eine öffentliche Diskussion über Lockerungsmaßnahmen. [119]

Kleinanzeige in der Zeitung:

„Wer da glaubt, mit viel Geld und menschlicher Weisheit die von Gott verordneten Plagen bekämpfen zu können, macht die Rechnung ohne Gott." [120]

Der Anzeigenschreiber scheint bessere Mittel zur Bekämpfung der Plagen zu kennen, vielleicht verrät er beim nächsten Mal mehr darüber. Oder ist er der Meinung, widerstandslose Erduldung sei der beste Weg?

Nicht nur vom Ethikrat lese ich heute eine Stellungnahme aus geisteswissenschaftlicher Sicht, siehe oben. Auch Peter Sloterdijk hat sich zur Coronakrise geäußert. Der Deutsche Philosoph und Kulturwissenschaftler ist erstaunt über

„die Verordnungsregierungen in aller Welt und die märchenhafte Geschwindigkeit, mit der sich größere und kleinere Nationen in eine Schockstarre versetzen lassen." [121]

Sloterdijk hatte wohl eine längere Reaktionszeit und liberalere Antworten der Regierungen erwartet. Offen bleibt, was er als Grund für das Eintreten der schnellen Schockstarre vermutet. Einen kollektiven animalischen Reflex? Aber ist das Totstellen nicht auch ein Erfolgsrezept mancher Tiere? Die wir ja angeblich nicht mehr sind ... Mal sehen, wann sich Jürgen Habermas meldet.

Ein Beispiel dafür, dass unsere Gewaltenteilung auch in der Coronakrise funktioniert und dass die Judikative der Exekutive auf die Finger klopft, ist das Kippen des Osterreiseverbots in Mecklenburg-Vorpommern. [122]

Soll nochmal jemand sagen, unsere Bürgerrechte seien ausgesetzt.

Eine Studie des Bonner Virologen Hendrik Streeck über die Verbreitung des Virus im Kreis Heinsberg liegt vor. [123]
Sie wird nur wenige Stunden später heftig als „unpräzise" kritisiert. [124]

Karfreitag, 10. April 2020

Die Situation in Ecuador wird als „unwirklich, wie aus einem Katastrophenfilm" beschrieben. [125]
Da ist sie wieder, meine Dankbarkeit dafür, in Deutschland zu leben.

Nicht alle Verordnungen werden von den Juristen gekippt: Das Gottesdienstverbot erhält nachträglich den Segen des Bundesverfassungsgerichts. [126]

Als hätte ich's gewusst: Jürgen Habermas, Deutscher Philosoph und Soziologe äußert sich:
„Eines kann man sagen: So viel Wissen über unser Nichtwissen und über den Zwang, unter Unsicherheit handeln und leben zu müssen, gab es noch nie." [127]
Hatte vor einiger Zeit nicht Sokrates schon eine ähnliche Eingebung? Immerhin: Damals gab es noch weniger Wissen, so dass das Wissen über das Nichtwissen auch deutlich kleiner gewesen sein musste als heute. Alles klar?

Samstag, 11. April 2020

Die Lage in New York spitzt sich weiter zu. [128]

Die Debatte über Lockerungsmaßnahmen in Deutschland auch. [129]

Reinhard Marx, Kardinal der römisch-katholischen Kirche und Erzbischof von München und Freising, spricht aus, was viele denken:

„Corona muss unseren Blick schärfen für das, was wirklich wichtig ist." [130]

Ostersonntag, 12. April 2020

Boris Johnson aus Klinik entlassen. [131]

Keine öffentlichen Gottesdienste zu Ostern. [132]

Ostermontag, 13. April 2020

Die *Leopoldina*, die Nationale Akademie der Wissenschaften in Berlin, plädiert dafür, zuerst die Grundschulen wieder zu öffnen. Ihr Argument: Die jüngeren Kinder brauchen deutlich mehr Betreuung als die älteren. Gleichzeitig sagt ihre *Ad-hoc-Stellungnahme* aber auch:

„Da kleinere Kinder sich nicht an die Distanzregeln und Schutzmaßnahmen halten können, gleichzeitig aber die Infektion weitergeben können, sollte der Betrieb in Kindertagesstätten nur sehr eingeschränkt wiederaufgenommen werden." [133]

Für die noch jüngeren Kinder der Kitas gilt das obige Argument wohl nicht. Verstehe ich das?

Wer jemals den Keukenhof in Holland besucht hat und die bunten Blumenfelder gesehen hat, kann sich vorstellen, was das bedeutet:

„Corona-Flaute – Niederländer schreddern 140 Millionen Tulpen" [134]

Ein Jammer!

Ich wage zu behaupten: Die verschiedenen Corona-Messgrößen verwirren den Normalbürger. Da war zunächst von der Verdoppelungszeit oder

-zahl die Rede, dann von der Reproduktionszahl, die demnächst wahrscheinlich von einer Inzidenzgröße[1] abgelöst wird. Das ist zwar wissenschaftlich mit den verschiedenen Phasen einer Pandemie begründbar [135], trägt aber dennoch zur Verunsicherung bei und zu Aussagen wie „Die wissen ja eh nicht, was sie wollen." Erschwerend kommt hinzu, dass die Phasen regional unterschiedlich ausgeprägt sind, so dass mehrere Messgrößen gleichzeitig kursieren. Insofern hier nur eine kurze und klare Aussage von heute:

„Die Corona-Ausbreitung in Deutschland hat sich gemessen an der Verdoppelungszeit verlangsamt." [136]

*Die **Verdoppelungszahl** „gibt an, wie lange es dauert, bis sich die Zahl der Infizierten verdoppelt." Sie ist „vor allem bei einem exponentiellen Wachstum aussagekräftig. Inzwischen hat sich das Wachstum der Infiziertenzahl in Deutschland aber soweit abgeflacht, dass es nicht mehr exponentiell ist. Somit verliert die Zahl laut dem Science Media Center an Aussagekraft." [137]*

*„Die **Reproduktionsrate** (R) gibt an, wie viele Menschen eine infizierte Person durchschnittlich ansteckt. Wenn der Wert über 1 liegt, breitet sich die Krankheit aus, liegt er darunter, geht das Virus zurück." [138]*

Dienstag, 14. April 2020

Auch unser Wissen über die Effektivität des Mundschutzes wächst. Das *Robert Koch-Institut* erklärt, er

„ist geeignet, die Freisetzung erregerhaltiger Tröpfchen aus dem Nasen-Rachen-Raum des Trägers zu behindern und dient primär dem Schutz des Gegenübers [...]. Gleichzeitig kann er den Träger vor der Aufnahme von Tröpfchen oder Spritzern über Mund oder Nase, z. B. aus dem Nasen-Rachen-Raum des Gegenübers, schützen [...]." [139]

---

[1] Siehe 06. Mai.

Erfahrungen ähnlicher Art sind nicht neu: Schon Johann Jacob Scheuchzer, ein Schweizer Arzt, schrieb ca. 1720:

„Der Kleideren halb hat man sich zu hüten vor allem, was auß Tuch, oder Baumwolle gemachet wird, weilen das Gifft sich leicht an dergleichen Sachen henket. Besser sind die leinernen, seidenen, tafteten Kleider, oder von Cameel-Haaren, noch besser, sonderlich vor die, so um die Kranken seyn müssen, dicht lederne, oder gar von Wachs- und Harz-Tuch." [140]

Dank an einen Bekannten, der mich auf die Quelle aufmerksam gemacht hat!

Die *Deep Knowledge Group*, ein Londoner *Thinktank*, hat Deutschland bescheinigt, dass weltweit nur Israel die Krise besser im Griff hat. [141]

Mittwoch, 15. April 2020

Wegen der Schließung sämtlicher Gastronomiebetriebe geht es den Gastwirten sehr schlecht. Der Deutsche Hotel- und Gaststättenverband fordert

„neben der steuerlichen Entlastung die Bildung eines Rettungs- und Entschädigungsfonds für das Gastgewerbe." [142]

Verständlicher Anspruch, jeden Tag kann man von verschiedenen Berufsgruppen lesen, die ähnlich agieren. Ich bin froh, kein Politiker zu sein.

Das Vorhaben, Geschäfte mit einer Verkaufsfläche bis zu 800 Quadratmetern wieder zu öffnen [143], stößt auf Unverständnis. Warum gerade 800? Warum sollen die Hygieneregeln nicht auch bei größeren Flächen eingehalten werden können? Warum dürfen größere Läden ihre Verkaufsfläche nicht auf 800 Quadratmeter beschränken, zum Beispiel durch Absperrungen? Das war wohl ein nicht zu Ende gedachter Schnellschuss.

Normalerweise äußern sich amerikanische Präsidenten ja nicht über ihre

Nachfolger. Aber nicht in Zeiten wie diesen. So zieht Barack Obama kräftig vom Leder:

"Hi everybody! [...] Right now we need Americans of good will to unite. In a great awakening against a politics that too often has been characterized by corruption, carelessness, self-dealing, disinformation, ignorance, and just plain meanness." [144]

Recht so.

Donnerstag, 16. April 2020

Wie um Obama zu widerlegen, setzt Donald Trump vor den Kameras sein breitestes Grinsen auf und verspricht finanzielle Unterstützung für seine Landsleute:

"I'm sure people will be very happy to get a big, fat, beautiful check and my name is on it." [145]

Die meisten Deutschen akzeptieren die Einschränkungen der Grundrechte. [146]

Nur vereinzelt ist Murren zu hören.

Freitag, 17. April 2020

Die Wirtschaftskrise ist da. [147]

Corona-Management in Ägypten:

„Wir überlassen das dem lieben Gott". [148]

Ich glaube nicht, dass alle Ägypter so denken.

Jetzt steckt Spanien in der Krise:

„Mehr als 100.000 Infizierte und über 10.000 Tote, das Gesundheitssystem ist völlig überfordert." [149]

Damit steht der Spanienurlaub vieler Deutschen auf der Kippe. Man hofft, es werde auf den Inseln vielleicht nicht so schlimm werden.

<hr>

Samstag, 18. April 2020

Eine Geschäftsanzeige in der Zeitung wirbt mit der Eigenherstellung von farbenfrohen Gesichtsmasken in der Region.

Schweden bleibt bei seinem Sonderweg in der Coronakrise, doch die Kritik wächst. [150]

<hr>

Montag, 20. April 2020

Die *Risikoanalyse im Bevölkerungsschutz* des Bundesamts für Bevölkerungsschutz und Katastrophenhilfe aus dem Jahr 2012 [151] hat erstaunlich viele Details einer kommenden Pandemie richtig vorausgesagt, wohl aber nicht zu irgendwelchen größeren Aktionen geführt. Zumindest in einem Punkt aber lag die Analyse falsch: Sie vermutete eine „Zunahme von Arztbesuchen". Aus Angst vor Ansteckung ist heute das Gegenteil der Fall. [152]
Auch ich war seit einigen Monaten nicht mehr beim Arzt ...

Was für ein Wort: „Öffnungsdiskussionsorgien". [153]
Vielleicht treffend, aber kein schöner Begriff. Ich traue Angela Merkel zu, dass ihr der spontan eingefallen ist.

Deutscher Ordnungssinn und Behördenhumor – wie geht das zusammen? So:
– „Der Verzehr von Speisen und Getränken bleibt innerhalb eines Umkreises von 50 m zu den Restaurationsbetrieben untersagt."
– „Gilt dieser Abstand von 50 m auch für ein in einer Eisdiele erworbenes Leckeis?"

– „Bei der Anwendung der Verordnung darf insofern pragmatisch vorgegangen werden, als durch erstes rasches Lecken an einer Eiskugel während des zügigen Sichentfernens von der Eisdiele ein Heruntertropfen des Eises auf Kleidung oder Fußboden verhindert werden darf. Für den Verzehr des Resteises gilt jedoch der Abstand von 50 Metern. ;-)“ [154]

Dienstag, 21. April 2020

Massenunterkünfte und Heime erweisen sich immer mehr zu Hochrisikogebieten. Laut *Robert Koch-Institut* gibt es dort zurzeit mindestens 14.000 Corona-Fälle. Es wird eingeräumt, dass die Zahl noch viel höher liegen könnte. [155]

Mittwoch, 22. April 2020

„Geisterspiele“: Das Wort geistert durch die Medien. Gemeint sind zum Beispiel Fußballpartien vor leeren Rängen. Super Atmosphäre! Aber immerhin könnten die Sportfreunde am Bildschirm anfeuern und mitzittern. Besser als Totalausfall wie jetzt.

Nach langem Hin und Her wie bei den Erntehelfern: Das Tragen von Masken wird nun in allen Bundesländern Pflicht. [156]

Der Satz, der mich in der Krise bisher am meisten berührt hat, stammt von Jens Spahn:

„Wir werden in der politischen Debatte und auch in der medialen Debatte nach dieser Corona-Lage alle miteinander viel verzeihen müssen.“ [157]

Welche Wohltat, welche Demut im politischen Alltag. Endlich mal ein Politiker, der sieht und einräumt, dass unsere Volksvertreter (nicht nur) in dieser Ausnahmesituation Fehler machen und damit vielleicht unschuldig schuldig werden. Dazu passt, dass auch Christian Drosten immer wieder die Vorläufigkeit wissenschaftlicher Erkenntnisse betont. Wohl wahr!

Donnerstag, 23. April 2020

Trotz der steigenden Beliebtheitswerte von Angela Merkel gibt es eine Reihe von Ungereimtheiten im Krisenmanagement. Die Linke spießt eine davon auf:

„Es ist doch absurd, wenn großen Kaufhäusern teilweise erlaubt wird, wieder zu öffnen, und Kindern wird verboten, sich auf eine Schaukel zu setzen." [158]

Bundesfinanzminister Olaf Scholz macht den Zielkonflikt zwischen der Reduzierung der Infektionszahlen und der Wiederbelebung des sozialen und wirtschaftlichen Lebens deutlich. [159]

Es scheint geschafft zu sein: Die Gesamtkapazität an Intensivbetten in Deutschland musste nie ausgeschöpft werden. [160]

Der folgende Satz von Angela Merkel wird mich noch zu irgendetwas inspirieren:

„Diese Pandemie ist eine demokratische Zumutung." [161]

Freitag, 24. April 2020

„Also, angenommen wir treffen den Körper mit einem gewaltigen – ob nun ultravioletten oder sehr starken – Licht. [...] angenommen, wir könnten dieses Licht irgendwie in den Körper bringen, entweder durch die Haut oder irgendwie anders. [...] Klingt interessant. Dann sehe ich ja diese Desinfektionsmittel, die es [das Virus] in einer Minute ausknipsen.

Gibt es eine Möglichkeit, etwas zu machen durch eine Injektion, beinahe wie ein Durchreinigen? Es wäre interessant, das zu prüfen." [162]

Wer hat's gesagt?

Letztes Zitat von Trump – versprochen!

Samstag, 25. April 2020

Und wieder ein Loblied aus dem Ausland. Und wieder meine Zufriedenheit mit den hiesigen Verhältnissen:

"If any big European country can be said to have so far had a good corona crisis, it is Germany. Deaths are fewer than in other countries, the state helps ailing firms and workers and the politicians seem level-headed and competent. Places with more erratic leadership have noted the contrast. British journalists ask their politicians why they can't emulate Germany's testing rates. American television networks urge Jens Spahn, the health minister, to reveal Germany's secrets." [163]

Schön auch der feine britische Humor, der im letzten Satz durchklingt.

Sonntag, 26. April 2020

Besonders beschäftigen mich in der Coronakrise die feinen Abwägungen zwischen ethischen und wirtschaftlichen Argumenten oder auch die Gewichtung von Werten. Die folgende Aussage von Wolfgang Schäuble, dem Präsidenten des Deutschen Bundestags, lässt sich vielleicht als eine Mahnung verstehen, die sozialen und wirtschaftlichen Folgen der Corona-Maßnahmen differenzierter zu bewerten:

„Aber wenn ich höre, alles andere habe vor dem Schutz von Leben zurückzutreten, dann muss ich sagen: Das ist in dieser Absolutheit nicht richtig. Grundrechte beschränken sich gegenseitig. Wenn es überhaupt einen absoluten Wert in unserem Grundgesetz gibt, dann ist das die Würde des Menschen. Die ist unantastbar." [164]

Maskenpflicht in Bayern.

Indiz für die Gefährlichkeit von Corona, so lange es keine andere plausible Ursache für erhöhte Zahlen von Gestorbenen gibt: die Zahl der Toten in einem bestimmten Zeitraum im Vergleich zum selben Zeitraum in den Vorjahren. [165]

Oft sehen wir nur die unmittelbaren und nahen Auswirkungen der Krise. Die Betrachtung komplexerer und nicht so vertrauter Kausalketten kann den Blick weiten:

"As the COVID-19 crisis pushes up levels of hunger among the global poor, the World Food Programme and UNICEF are urging national governments to prevent devastating nutrition and health consequences for the 370 million children missing out on school meals amid school closures." [166]

Die folgende Aussage von Boris Palmer, dem Oberbürgermeister von Tübingen, löst einen Sturm der Entrüstung aus. Ja, starker Tobak, aber vielleicht mit einem Körnchen Wahrheit?

„Ich sag's Ihnen mal ganz brutal: Wir retten in Deutschland möglicherweise Menschen, die in einem halben Jahr sowieso tot wären aufgrund ihres Alters und ihrer Vorerkrankungen, aber die weltweiten Zerstörungen der Weltwirtschaft sorgen [...] dafür, dass der daraus entstehende Armutsschock dieses Jahr eine Million Kinder zusätzlich das Leben kostet." [167]

Wenn sich im kommenden Winter die Grippe und Corona zusammentun, dann könnte es gefährlich werden. Die Bundesregierung bereitet daher die Beschaffung von 4,5 Millionen Impfdosen gegen Grippe vor. [168]

Ich habe mich bisher nicht gegen die Grippe impfen lassen. Soll ich es in diesem Jahr erstmals tun?

Die ersten Beiträge für den zweiten Teil des Buches sind mittlerweile eingetroffen. Ich hoffe, dass möglichst viele Themenbereiche abgedeckt werden.

Nachdem die Kritik lauter geworden ist, beschließen Bund und Länder „vorsichtige Lockerungen für Gottesdienste, Spielplätze und Kultureinrichtungen." [169]

Von Lockerungen für Alten- und Pflegeheime lese ich nichts. Als Grund für das Weiterbestehen der dortigen Einschränkungen wird immer wieder das immer noch erhöhte Risiko für Alte und Kranke genannt. Ich muss an die Verzweiflung der einsamen Todkranken und ihrer Angehörigen denken ...

Was es ist

Es ist eine Zumutung
sagt die Demokratie
Es ist was es ist
sagt das Virus

Es ist eine Strafe
sagt der Glaube
Es ist gefährlich
sagt die Angst
Es ist inszeniert
sagt die Einfalt
Es ist was es ist
sagt das Virus

Es ist lächerlich
sagt der Hochmut
Es ist nichts
sagt die Ignoranz
Es ist aussichtslos
denkt der Sterbende
Es ist was es ist
sagt das Virus

Nach Erich Fried

Mai 2020

Freitag, 01. Mai 2020

Es wird bekannt, dass einige deutsche Konzerne ihre Aktionäre mit Dividenden beglücken wollen,

„obwohl sie ohne Scham etwa via Kurzarbeit Corona-Hilfen vom Staat kassieren." [170]

Das Gesicht des Kapitalismus zeigt sich auch in Corona-Zeiten ohne Maske. Die Empörung ist groß, nur wenige haben Verständnis. Wie wäre es mit einem Mundschutz, der nicht nur Viren sondern auch Vorhaben dieser Art gar nicht erst nach außen dringen lässt?

Den Erwartungen entsprechend steigt die Arbeitslosigkeit. [171]

Der Bundesverband Mittelständische Wirtschaft ist alarmiert und schreibt in einem Offenen Brief an die deutsche Politik:

„Unser Land steht vor dem größten Konjunktureinbruch seit dem Zweiten Weltkrieg. [...] In großer Sorge um die Zukunft dieses Landes und um den Wohlstand seiner Bürger appellieren wir an die Politik: Beenden Sie die einseitige Fixierung auf eine rein virologische Sichtweise und damit das gefährliche Spiel mit den Zukunftschancen dieses Landes. Es geht um das Schicksal des deutschen Mittelstands. Heben Sie den Lockdown auf, bevor es zu spät ist!" [172]

Schwingen in diesem Appell nicht auch Töne von Boris Palmer vom 28. April mit? Oder etwas deutlicher: Hat er nicht dasselbe gemeint? Gibt es vielleicht auch eine Parallele zu den Gedanken von Wolfgang Schäuble vom 26. April?

Einige europäische Regierungschefs wollen einen zu entwickelnden Impfstoff zum Allgemeingut machen. [173]

Nachdem die EU sich in der Krise bisher uneinig gezeigt hat, könnte dies ein kleiner Schritt zum gemeinsamen Handeln sein – wenn es denn so weit kommt. Es liegt allerdings noch ein viel größerer Brocken im Weg: Wie geht es mit den *Corona-Bonds* weiter?

Die Vorwürfe gegen China wegen seiner Informationspolitik in der Krise gewinnen an Brisanz. So schreibt die *Neue Zürcher Zeitung*:

„Demnach dokumentiert das Dossier die Vertuschung chinesischer Behörden und weist auf riskante Forschungsarbeiten in einem Labor in der chinesischen Stadt Wuhan hin [...].“ [174]

Ich vermute, dass es seriöse Forschungen gibt, die das Ursprungsgebiet von Seuchen erklären, Studien, die herausgefunden haben, warum sie gehäuft in China auftreten. Aber vielleicht ist das ja nur die allgemeine – auch meine, manipulierte? – Wahrnehmung. Das Ebola-Virus zumindest ist von Afrika ausgegangen.

Boris Johnson berichtet über seinen Krankenhausaufenthalt:

"I was not in particularly brilliant shape." [175]

Ob seine persönlichen Erfahrungen mit Covid-19 Einfluss auf seine Corona-Politik haben werden?

Die anfängliche Dynamik der Krise hat sich gelegt, fast schon Routine bestimmt zunehmend das Geschehen. Ich frage mich jetzt häufiger, wann diese Chronik enden soll. Bei den ersten Anzeichen einer zweiten Welle? Sozusagen als *Cliffhanger?* Das könnte noch etwas dauern, bis dahin würde die Chronik vielleicht etwas eintönig werden …

Auf einer Geberkonferenz wurden der EU Zusagen von über sieben Milliarden Euro für die Finanzierung der Entwicklung eines Impfstoffes gemacht. [176]

Müssen die staatlichen Hilfen eigentlich zurückgezahlt werden?

Dienstag, 05. Mai 2020

Und wieder diese absoluten Zahlen, die wegen des fehlenden Bezugs zu einer Grundgröße so wenig aussagen:

"In the UK, 32,313 people have died after testing positive for coronavirus – in Italy, the death toll is 29,029." [177]

Wie viel informativer wäre die Aussage, wenn die Zahlen zur jeweiligen Gesamtbevölkerungszahl in Bezug gesetzt würden.

Mittwoch, 06. Mai 2020

Jetzt sind wir also ganz offiziell in der dritten Phase der Pandemie: Als Messgröße kommt nun die 7-Tage-Inzidenz ins Spiel [178]: Sie misst die Anzahl der Neuinfektionen pro 100.000 Einwohner innerhalb der letzten sieben Tage.

Es wird erwartet, dass die Notbremsung der Wirtschaft alle EU-Länder betrifft, allerdings in unterschiedlichem Maße. [179]

Die Stimmung wirkt zunehmend entspannt: Es ist nicht zu den befürchteten Überlastungen der Krankenhäuser gekommen, das *Flatten the Curve* ist gelungen. Können wir uns jetzt im Lichtschein des Erfolgs zurücklehnen? Die Situation veranlasst das *Handelsblatt* zu einem etwas bissigen Kommentar:

„Und auch die Warnung des Virologen Alexander Kekulé vor einem ‚viralen Orkan' im Herbst ist für viele inzwischen so relevant wie Limonade im neu eröffneten Biergarten." [180]

Einige Kardinäle und Bischöfe der katholischen Kirche sehen den Untergang des Abendlands:

„Lassen wir nicht zu, dass Jahrhunderte der christlichen Zivilisation unter dem Vorwand eines Virus ausgelöscht werden, um eine verabscheuungswürdige technokratische Tyrannei aufzurichten, in der Menschen [...] uns in eine virtuelle Wirklichkeit verbannen." [181]

Beziehen sie sich vielleicht auch auf Gottesdienste im Internet? Möglicherweise sehen da mehr Menschen zu als in der Kirche aus Stein, Holz und Glas.

Liebe @_daniisha, dein Post auf twitter ist so einfach wie erfrischend:

„Bin dafür, dass alle Eltern morgen um 19 Uhr mal laut aus dem Fenster schreien." [182]

Hoffentlich folgen viele deinem Aufruf.

Dazu der passende Hashtag: #coronaeltern

Anzeige der Bayerischen Staatsregierung:

„Die bisherige Ausgangsbeschränkung wird aufgehoben und in eine Kontaktbeschränkung umgewandelt." [183]

Neben *Ausgangsbeschränkung* und *Kontaktbeschränkung* kursieren weitere Begriffe, die das Verständnis des Bürgers nicht unbedingt erhöhen, zum Beispiel *Ausgangssperre*, *Kontaktverbot*, *Kontaktsperre* und *Quarantäne*. Die Mehrheit wird sich kaum die Mühe machen nachzuforschen, was diese Ausdrücke unterscheidet. Das ist für Populisten eine schöne Gelegenheit, den restriktivsten und schlagkräftigsten Begriff für alle derartigen Situationen zu verwenden.

Einige Schlachthöfe machen wegen vermehrter Infektionen von sich reden. [184]

Die Deutsche Bischofskonferenz distanziert sich vom Aufruf einiger katholischer Kirchenvertreter, siehe 07. Mai. [185]

Auch in Frankreich scheint es das Problem zunehmender Laxheit gegenüber der Infektionsgefahr zu geben. Dies veranlasst Emmanuel Macron zu einer Mahnung:

« Grâce à vous, le virus a reculé. Mais il est toujours là. » [186]
Dank Ihnen ist das Virus zurückgewichen. Aber es ist immer noch da.

Am Anfang der Krise im März wurde mangels Wissen und Erfahrung der große Holzhammer herausgeholt, um die Infektionswelle zu bremsen. Das war durchaus erfolgreich, aber mit großen Kollateralschäden verbunden. Jetzt, zwei Monate später, sind wir schlauer und nutzen wesentlich feinere Werkzeuge, die wir differenziert und regional unterschiedlich gegen einzelne Infektionsherde einsetzen. [187]

Mir fällt – leider – die Ähnlichkeit zu militärischen Waffen und ihrem Einsatz auf: Sind zum Beispiel Atomwaffen heute nicht viel differenzierter einsatzbar als 1945? Spricht man in diesem Zusammenhang nicht auch von chirurgischer Präzision?

Montag, 11. Mai 2020

Die Proteste gegen die Einschränkung der Freiheit nehmen zu. Radikale Kräfte nutzen die Chance und springen auf den Zug auf. [188]

Schöne neue Welt: In Singapur patrouillieren Roboter in Hundegestalt durch die Parks und mahnen die Besucher, die Hygieneregeln einzuhalten. [189]

Dienstag, 12. Mai 2020

Wie befürchtet: In Spanien könnte „Quarantäne statt Urlaub" drohen. [190]

Anderes gilt für Deutsche, die aus dem Ausland nach Niedersachsen kommen: Sie dürfen nach einem Beschluss des Oberverwaltungsgerichts Niedersachsen entgegen einer bestehenden Verordnung einreisen. [191]

Die Kontrollen an den deutschen EU-Grenzen sollen baldmöglichst aufgehoben werden. [192]

Freitag, 15. Mai 2020

Bill Gates ist Zielscheibe von Verschwörungsmythen. Ich finde dazu eine Aussage von ihm aus dem Jahr 2015:

"If anything kills over ten million people in the next few decades, it's most likely a highly infectious virus rather than a war." [193]

Wer wäre so dumm, so etwas zu sagen, wenn er die Weltherrschaft erlangen möchte? Oder könnte es besonders perfide sein, sich so zu äußern, um Harmlosigkeit vorzutäuschen? Ich glaube nicht an die Mythen, finde sie manchmal so abstrus, dass ich wieder lachen muss. Zum Beispiel die in Höhlen gefangenen Kinder und die angeblichen Beweise dafür – Erstaunen über solch große Fantasie. Mehr aber nicht.

<hr>

Sonntag, 17. Mai 2020

So schlimm wird es bei uns sicher nicht: In Katar drohen bis zu drei Jahre Haft, wenn man ohne Maske in der Öffentlichkeit erwischt wird. [194]

Soll da nicht die Fußballweltmeisterschaft in zwei Jahren stattfinden? Es gab ja schon vor Corona deutliche Kritik an der Wahl Katars zum Austragungsland.

<hr>

Dienstag, 19. Mai 2020

Und wie ergeht es den Schweden? Sie sollen, bezogen auf eine Million Einwohner, 3,8 Mal so viele Tote haben wie Deutschland:

„Die schwedischen Behörden haben inzwischen zugegeben, dass es das große Versagen der Politik ist, die Altersheime und pflegebedürftigen Menschen nicht ausreichend vor dem Virus geschützt zu haben." [195]

Ich erinnere mich an die hitzige Debatte über den Primat des Lebensschutzes Ende April …

Warum wollen in diesen Corona-Zeiten mehr Menschen einen Hund? [196]

Ich vermute, es sind vor allem die Einsamen. Wohl weniger die Familien, die wochenlang eingezwängt in einer kleinen Wohnung leben.

Die Krise inspiriert die Fantasie. Neue Kunstformen werden kreiert, neue Arten von Theaterveranstaltungen entwickelt und vieles mehr. Die Flut neuer Ideen macht auch vor Confiserien nicht Halt:

„Die Praline gegen Corona-Irrsinn – Bei den Corona-Tipps des US-Präsidenten weiß so mancher nicht, ob er lachen oder weinen soll. Ein Chocolatier aus Belgien entschied sich für die erste Variante – und kreierte einen Schoko-Traum mit desinfizierender Wirkung." [197]

Angesichts der Entspannung der Krise wenden sich die deutschen Medien wieder mehr dem Alltag zu. Es ist wie so oft: Ein Thema wird eine Zeitlang gepusht und dann hört man nichts mehr davon. Es braucht immer neue Reize, um unsere Aufmerksamkeit zu gewinnen. Doch es gibt immer noch genügend Meldungen, die uns das Elend anderswo vor Augen führen, wenn wir es denn zur Kenntnis nehmen wollen:

„Leichensäcke stapeln sich auf Krankenhausparkplätzen oder bleiben einfach auf der Straße liegen, vor Friedhöfen bilden sich lange Schlangen. Trotz dieser schrecklichen Bilder galt Südamerika angesichts der hohen Infektionszahlen in Europa und den USA bislang eher als Nebenschauplatz der Pandemie. Doch damit ist es nun vorbei." [198]

Der thüringische Ministerpräsident Ramelow erntet breite Kritik für sein Vorhaben, die Corona-Beschränkungen demnächst aufzuheben. [199]

Er möchte damit das Bewusstsein für die Eigenverantwortung jedes Einzelnen stärken. Ist das so falsch? Aber nicht alle Menschen werden in der Lage oder willens sein, ihrer Verantwortung gerecht zu werden. Was wiederum andere Menschen gefährdet.

Wie steht es mit unserer Wahrnehmung? Werden die Gefolgsleute von Verschwörungsmythen wirklich immer zahlreicher? Wird ihre Stimme wirklich immer lauter? Stehen wir wirklich vor tiefgreifenden gesellschaftlichen und politischen Veränderungen? Wird in den Mainstream-Medien die Corona-Gefahr übertrieben? Ich bin nicht besorgt, noch nicht. Die Welt ist so, wie man sie sieht.

Donnerstag, 28. Mai 2020

Thomas Krüger vom Deutschen Kinderhilfswerk sieht sorgenvoll auf die Zukunft der Generation Z[2]. [200]

Er mag Gründe dafür haben, aber viele Kinder aus der Zeit rund um den Zweiten Weltkrieg haben trotz großer Handicaps ein erfolgreiches Lebenswerk vorzuweisen.

Freitag, 29. Mai 2020

Der Virologe Christian Drosten macht uns Mut: Vielleicht kann eine zweite und dann verheerende Welle im Winter doch vermieden werden. Einige der jetzigen Maßnahmen müssten dazu aber optimiert werden. [201]

---

[2] Die um die Jahrtausendwende Geborenen.

Wer denkt denn da?

Die Coronakrise wirft ungeahnte philosophische Fragen auf. Fragen nach dem Sein und Nichtsein erhalten eine völlig neue Brisanz.

Während sich bisherige Generationen großer Denker damit begnügten, Antworten zu suchen auf so vertraute Fragen wie „Warum gibt es die Welt? – Was ist der Sinn des Lebens? – Gibt es einen Gott?", beschäftigen sich einige Ontologen neuerdings mit der Frage: Was, wenn es uns Menschen gar nicht gibt? Was, wenn auch wir, ganz wie das Coronavirus, eine Erfindung, ein Gedankenkonstrukt dunkler und übelmeinender Mächte sind? Und ...was, wenn auch diese Mächte wiederum eine Erfindung ...? Wir wagen nicht weiterzudenken.

Unsere alte Frage nach einem Gott erhielte eine ganz neue Dimension.

Juni 2020

Pfingstmontag, 01. Juni 2020

Seit Januar habe ich mir nichts Neues zum Anziehen gekauft, es wäre jetzt durchaus an der Zeit dies nachzuholen. Aber der Gang durch ein Kaufhaus kurz vor Pfingsten hat mich nicht dazu animieren können. Zudem habe ich gehört, dass Kleidungsstücke, die man anprobiert, aber nicht kauft, im Shredder landen sollen. Ob das wohl stimmt? Auch die Parfümerien bekommen die Flaute zu spüren, wenngleich aus etwas anderen Gründen:

„Viele Leute sparen gerade beim Make-up. Im Homeoffice und unter der Schutzmaske sieht es keiner. Und schöne Dinge zu kaufen, macht zurzeit auch keinen Spaß." [202]

Dienstag, 02. Juni 2020

Jetzt ist Göttingen ein Corona-Hotspot. Dort wird bei Nichtbefolgung einer Quarantäne-Anordnung sogar die Unterbringung in einer geschlossenen Anstalt angedroht. [203]

Mittwoch, 03. Juni 2020

Allgemein hat sich die Lage deutlich entspannt:

„Die allermeisten Landkreise in Deutschland haben in den vergangenen sieben Tagen überhaupt keine oder nur wenige Corona-Neuinfektionen verzeichnet. 343 von mehr als 400 Landkreisen hatten dem Robert

Koch-Institut (RKI) zufolge maximal fünf neue Fälle pro 100.000 Einwohner in sieben Tagen gemeldet." [204]

Der Sommer lässt grüßen und viele Menschen haben angesichts der rückläufigen Infektionszahlen wohl endgültig die Nase voll von den Einschränkungen des täglichen Lebens. Eine Schlauchboot-Party in Berlin sorgt für ausgelassene Freude bei den Teilnehmern, andere sind entsetzt. [205]

Donnerstag, 04. Juni 2020

Nachdem schon Ende März klar wurde, dass die Schwarze Null aufgegeben werden muss, haben die Koalitionäre in Berlin ein dickes Paket von Maßnahmen beschlossen: 130 Milliarden Euro sollen Arbeitgebern, Familien und Kommunen helfen, die wirtschaftlichen Folgen des *Lockdowns* abzufedern. [206]

Bundesfinanzminister Olaf Scholz sagt dazu:

„Heute haben wir [...] ein Bündel an Maßnahmen miteinander vereinbart, die eben dieses Ziel haben: Mit Wumms aus der Krise kommen." [207]

Apropos Wumms: Das klingt nach einer einmaligen kurzen Aktion und dann ist alles wieder gut. Was passiert aber, wenn sich so eine Notlage aus welchen Gründen auch immer wiederholt?

Anzeige der *Augustinum Seniorenresidenzen* im *ZEIT magazin*:

„Ich ruf' da jetzt mal an. In Zeiten, in denen man über die wirklich wichtigen Dinge nachdenkt: Wir informieren Sie gerne über das Leben in den Augustinum Seniorenresidenzen." [208]

Spekulieren die Marketingleute auf die leidvollen sozialen Entbehrungen älterer Menschen in der Krise? Dann sind der Zeitpunkt und der Aufhänger der Anzeige immerhin geschickt gewählt. Allerdings lässt sich darüber streiten, ob dieses Vorgehen besonders feinfühlig ist, mancher

Leser der Anzeige wird dennoch dankbar für den Hinweis sein. Aber: Soweit ich weiß, gelten die Kontaktbeschränkungen für die Bewohner aller
Seniorenresidenzen.

Samstag, 06. Juni 2020

Mittlerweile wurde mehrfach bestätigt, dass sich die Luftqualität in der
Coronakrise verbessert hat. Jetzt, wo die Wirtschaft wieder Fahrt auf-
nimmt, wird der Effekt kaum lange anhalten. [209]

Auf den Demos gegen die Corona-Maßnahmen geht es gedrängt zu, nur
wenige Teilnehmer tragen einen Mundschutz. [210]

Montag, 08. Juni 2020

Das *Imperial College London* meldet:

"Lockdown and school closures in Europe may have prevented 3.1 m
deaths." [211]

Auf den ersten Blick eine imposante Zahl: 3,1 Millionen Menschen, die
vielleicht vor dem Tod bewahrt worden sein könnten. Sicher gibt es be-
währte Verfahren, um auf so eine Zahl zu kommen. Dennoch: Mich
würde auch interessieren, wie viele Rehe, Hasen, Igel, Kröten und Käfer
nicht überfahren worden sind. Wie viele Insekten nicht an Windschutz-
scheiben zerschellt sind.

Nach langen Diskussionen um den Datenschutz will Jens Spahn in den
nächsten Tagen die angekündigte Corona-Warn-App vorstellen. [212]

Ich werde sie auf meinem Handy installieren. Dumm nur, wenn es zu
wenige machen, dann bringt sie nicht viel.

*„Die **App** erfasst, welche Smartphones einander nahegekommen sind. Dazu*

tauschen die Geräte via Bluetooth zufällig erzeugte Krypto-Schlüssel aus.
[...] Auf Basis der Signalstärke wird dabei die Entfernung geschätzt.

Wird ein Nutzer positiv auf Covid-19 getestet, kann er das Testergebnis in der
App teilen, damit Nutzer, die sich in seiner Nähe aufgehalten hatten, infor-
miert werden. Infizierte werden ausdrücklich gefragt, ob sie das Ergebnis zur
Kontakt-Nachverfolgung teilen wollen." [213]

Dienstag, 09. Juni 2020

Auch die Prostitution hat unter den Kontaktbeschränkungen zu leiden.
Nun hat der Verwaltungsgerichtshof Kassel entschieden, dass
„die Bestimmungen [...] über die fortdauernde Schließung von Pros-
titutionsstätten nicht außer Vollzug gesetzt werden." [214]
Ich denke, die Branche wird diskrete Lösungen finden.

Donnerstag, 11. Juni 2020

Noch gar nicht absehbar seien die Auswirkungen, wenn das Home-Office
zum Standard der Bürotätigkeit wird. Der Stadtforscher Thomas Krüger
meint, dass die leeren Büros unsere Innenstädte „grundlegend verän-
dern" könnten, das könne deren „Niedergang" sein, aber auch eine
Chance. [215]
Vereinzelt haben Kommunen schon auf die neue Situation reagiert:
Sogenannte Pop-Up-Radwege werden erprobt. Sie verursachen Staus
und machen Ärger.

Freitag, 12. Juni 2020

Mit den Worten von Albert Camus aus der *Pest* ist es nun Zeit für den folgenden Satz: „Diese Chronik geht ihrem Ende entgegen." [46]

Samstag, 13. Juni 2020

Fängt die Geschichte jetzt wieder von vorne an?

„In Peking steigt die Angst vor einer zweiten Corona-Welle. Wegen Dutzender neuer Infektionsfälle haben die chinesischen Behörden Teile der Hauptstadt abgeriegelt. Die Infektionen stehen im Zusammenhang mit einem Großmarkt, Massentests wurden angeordnet." [216]

Sonntag, 14. Juni 2020

Zumindest bei uns in Deutschland ist es noch nicht so weit: Die 7-Tage-Inzidenz liegt hier bei 2,5 Fällen pro 100.000 Einwohner. Allerdings meldet das RKI einige

„COVID-19-Ausbrüche (u. a. in Einrichtungen für Asylbewerber und Geflüchtete, in fleischverarbeitenden und Logistikbetrieben, unter Erntehelfern sowie in Zusammenhang mit religiösen Veranstaltungen und Familienfeiern)." [217]

Montag, 15. Juni 2020

Am 01. April haben wir von Benjamins Vorschlag an die Forscher und Zöllner erfahren. Jetzt kann er seine Oma auch ohne Metalldetektor wieder ungehindert besuchen:

„Seit Mitternacht sind die Grenzen zwischen Deutschland und den Nachbarstaaten wieder ohne Kontrollen passierbar. Was Pendler und

Reisebranche freut, sehen Politiker auch mit Sorge – vor einer zweiten Corona-Welle." [218]

Nach der Rückkehr zur Normalität der offenen Grenzen Deutschlands, versehen mit einer Mahnung, nicht übermütig zu werden, ist jetzt ein geeigneter Zeitpunkt, diese Chronik zu beenden.

In den letzten Wochen hat Corona in meinen Gedanken und Gesprächen nicht mehr die zentrale Rolle gespielt wie zuvor, die Meldungen sind weniger dicht auf uns eingeprasselt. Menschen und Medien suchen wieder mehr nach anderen Themen. Ich auch.

Welche Gefühle hat die Krise, insbesondere die Auszeit der Ausgangsbeschränkungen in mir hervorgerufen? Die Empfindungen vermischen sich. Es waren die Sorge um die Gesundheit ... das Bewusstsein, relativ wehrloses Objekt einer Pandemie zu sein ... die Dankbarkeit für die günstigen persönlichen Umstände ... das Gefühl der größeren Freiheit wegen wegfallender Termine ... die Freude, mehr Zeit für Gespräche, fürs Lesen, Nachdenken und Schreiben zu haben. Aber auch die zeitweise aufkommende Trägheit ohne die Impulse der direkten sozialen Begegnung.

Schließlich das Sehnen nach der Rückkehr zum gewohnten Leben. Nicht ohne Gedanken an mögliche Änderungen.

Verlorene ... und gewonnene Zeit.

Was mehr?

Verlorene.

Das Tagebuch

Der Chronist legte die Feder zur Seite und sah aus dem Fenster.

Lange Monate hatte er sein Turmzimmer kaum verlassen. War von einer Magd einmal in der Woche mit dem Nötigsten versorgt worden. Hatte die kämpfenden Söldner auf den Feldern und die sterbenden Fliegen auf dem Fensterbrett beobachtet. War jedes Mal beim Schlagen der Alarmglocken zusammengezuckt. Sein Blick auf die unter ihm liegenden Gassen hatte nur selten Halt an einem Menschen gefunden.

In wenigen Tagen würde die Sonne ihren höchsten Stand erreichen.

Viele Wochen hatte der Chronist das Geschehen von seiner hohen Warte verfolgt und Seite um Seite seines Tagebuchs gefüllt. Weit war seine Sicht gegangen, das Fernrohr war ihm ein treuer Begleiter gewesen.

Morgen endlich würde er die steinerne Wendeltreppe hinabsteigen. Unten würde er vorsichtig die schwere Tür öffnen und auf die Straße treten. Den Menschen wieder näher sein.

Sein Tagebuch würde er mitnehmen. Es hatte noch einige leere Seiten.

Eine Anthologie

Der Streik

Dijana ist Mutter von zwei kleinen Söhnen.

Es ist Sonntag, unser siebenjähriger Sohn steht vor mir, wir streiten wieder mal wegen einer Kleinigkeit. Das kommt in diesen Tagen viel zu häufig vor, und jedes Mal plagt mich das schlechte Gewissen. Er schreit mich an und beschimpft mich. Plötzlich fängt er fürchterlich an zu weinen und schreit: „Ich will nicht länger eingesperrt sein!" So fühlt es sich für ihn an, obwohl er in den Garten kann und wir spazieren gehen. Armer kleiner Kerl!

Im Fernsehen hat er die Bilder von den Gastwirten gesehen, die Stühle rausgestellt haben, um auf ihre Situation aufmerksam zu machen. Er nimmt seine Schultasche und setzt sich bei uns auf die Straße. „Ich bleib jetzt hier sitzen, bis ich wieder in die Schule darf!" Sein kleiner Bruder tut es ihm nach mit seinem Rucksack: „Und ich, bis ich in den Kindergarten darf!" Anfangs stehe ich etwas hilflos daneben, frage mich, ob ich sie zurückholen soll. Aber nein, warum?

Irgendwo muss ihre ganze Traurigkeit und Wut und Ratlosigkeit ja hin. Also sitzen sie still da und streiken, wie sie sagen.

Auch ich würde mir wünschen, dass die beiden Jungs endlich wieder unter normalen Umständen in die Schule und den Kindergarten dürfen. Aber nicht, weil sechs Wochen Homeschooling und zu Hause sein anstrengend sind, sondern weil ich sehe, wie meine Kinder, die ich gern bei mir habe, leiden.

Unser Sohn hat mittlerweile drei Tage gestreikt. Morgen wird ein Plakat gemalt. Ich finde das toll, aber meine Rat- und Hilflosigkeit bleibt!

Liebe Kinder, macht euch groß, seid laut, nehmt eure Schultaschen oder euer Sandspielzeug und setzt euch an die Straße! Damit endlich alle verstehen, dass auch ihr wichtig und wertvoll für diese Gesellschaft seid!

Ein Andenken

Nana ist zehn und geht in die vierte Klasse. Sie wollte lieber telefonieren als schreiben.

Als unsere Lehrerin uns gesagt hat, dass es jetzt ganz anders sein wird, und zwar, dass die Schule jetzt schließt, dass wir dann nicht mehr in die Schule dürfen, da bin ich erstmal erschrocken, weil … ich mag die Schule und ich freu mich, jeden Tag meine Freunde zu sehen und zu lernen, und dann ist es ja einfach auch blöd, wenn ein Lehrer sagt, dass es jetzt aus ist. Ich hab mir vorgestellt, dass es vielleicht so vier, drei Wochen wäre, so 'n Monat … aber daraus ist nichts geworden.

Dann war ich zu Hause, und wir haben Aufgaben bekommen, die mussten wir halt erledigen. Aber die hab ich extrem schnell gelöst und hatte dann viel Zeit zum Spielen, war auch ganz cool! Nur konnte ich da meine Freundinnen nicht sehen.

Am Anfang war's noch spannend, weil ich auch meine Roller Blades zum ersten Mal benutzt hab. Und dann wurde es irgendwann mal voll langweilig. Es wäre gut, wenn man wenigstens einmal in der Woche einen Online-Unterricht gehabt hätte.

Dann kam endlich die Nachricht, dass die Notbetreuung aufmacht, also dass man wiederkommen darf, also kein Unterricht. Und dann kam die Nachricht, dass es wieder drei Stunden Unterricht gibt, richtigen Unterricht.

Heute war der Willkommenstag. Also, wir mussten mit Maske kommen, jeder hat sich an seinen Platz gesetzt, und am Platz lag eine Urkunde, so 'n Zeugnis. Die Urkunde, weil man so gut durchgehalten hat. Mit einem Schokoriegel! Ich war in einem ganz anderen Klassenzimmer, weil es mehrere Gruppen gab. An jedem Zweiertisch saß immer ein Kind.

Wir mussten die Maske ständig anhaben, wenn wir irgendwie aufstehen oder in den Gang gehen wollten! Die Masken werden später vielleicht so ein Andenken sein an die Zeit.

Ich hab ein paar meiner Freunde wiedergesehen, zwar nicht alle, aber es war schon ein Yeah, aber wir durften uns nicht umarmen, mussten immer 1,5 Meter Abstand haben.

Ich habe Sorge, dass ich alles richtig mache. Wir haben da einen ganz besonderen Punkt, wo wir uns anstellen müssen und irgendwie so 'ne Anleitung, was wir machen müssen und so, und da habe ich Bedenken, dass ich das mal vergesse … nur … ja … andere Kinder … na ja … manche verbessern dann einen, und das habe ich nicht so gern. Die Lehrerin darf das schon sagen, aber andere Kinder, das find ich irgendwie …

Ich glaub schon, dass es bald wieder vorbei ist. Weil … ich wünsche mir ganz, ganz feste, meine Freundinnen in den Arm zu nehmen.

Na ja, ich möchte halt nur sagen, dass ich glaube, dass Corona einen Grund hat, und zwar, dass es nicht einfach nur so auf die Welt als Virus gekommen ist, sondern ich glaub, das Virus will zeigen, dass die Menschen mehr zusammen machen sollen, weil jetzt sind wir ja alle getrennt. Ich glaub, es will zeigen, dass wir schätzen, wie wichtig es ist, Freundschaft zu schließen oder mehr zusammen zu sein oder die Umwelt zu schützen.

Steile Lernkurve

Annette hat drei erwachsene Kinder und lebt mit ihrem Mann in Franken.

In der Woche vor der Schulschließung sind wir noch ziemlich ahnungslos. Wir vergessen immer wieder, dass Händeschütteln nicht mehr angeraten ist, nehmen das nicht wirklich ernst.

Die Chorprobe wird abgesagt. Ob das nicht doch übertrieben ist? Wir machen Tennis-Pläne für die folgende Woche, ich hole mir noch schnell etliche Bücher aus der Stadtbücherei und finde es total überzogen, dass die ab Samstag geschlossen ist.

Am Sonntag ruft die Tochter an: Wir sollten nicht wie üblich den zwei Jahre alten Enkel mit in die Kirche nehmen. Das sehe nicht so gut aus, denn Großeltern sollten sich ja von Enkeln fernhalten. Ich glaube nicht, dass wir Risikopatienten sind, trotz unseres Alters. Wir sind beide fit, soll diese Pest doch kommen, dann haben wir sie hinter uns! Aber wir gehen natürlich alleine zum Gottesdienst. Alle sitzen noch recht eng nebeneinander. Der Friedensgruß wird zwar ohne Händeschütteln absolviert, die Kommunion aber mit nicht desinfizierten Händen ausgeteilt und entgegengenommen. Das machen wir dann doch lieber nicht mit.

Erst in der folgenden Woche beschließen wir, uns von den Kindern und Enkeln fernzuhalten, da wir das Konzept „Flatten the Curve" natürlich unterstützen. Die Bilder aus Italien sind ja wirklich Mahnung genug!

Ab da sind wir ganz brav. Wir richten es uns in unserer Isolation ein und sind uns bewusst, wie vergleichsweise gut es uns geht.

Beschwerden

Marie geht in die 11. Klasse eines Gymnasiums.

Meine Eltern führen eine mittelständische Bäckerei und beschäftigen 200 Mitarbeiter. Von einem Tag auf den anderen mussten Schichtpläne aufgestellt werden, um Kontakte zu vermeiden und die Produktion weiter zu gewährleisten. Unsere Cafés mussten schließen. Umsätze brechen ein und Kurzarbeit, ein Thema, mit dem wir uns noch nie befassen mussten, spielt plötzlich eine Rolle. Die Kosten des Betriebs wie Mieten und Strom laufen trotz alledem weiter.

Dann wurde auch noch ein Mitarbeiter von dem Virus infiziert. Die Angst, dass sich ein Kollege angesteckt haben könnte, beschäftigte alle.

Ständig beschließt die Regierung neue Regelungen, was von meinen Eltern viel Improvisation fordert. Die Mitarbeiter beschweren sich über das Tragen der Masken, die Kunden beschweren sich über das falsche Tragen der Masken oder über die Verpflichtung, sich bei einem Besuch des Cafés in eine Liste einzutragen. Verständnis für diese Beschwerden haben wir, ändern können wir jedoch nichts. Auch bleibt es uns ein Rätsel, wenn Menschen in dieser sowieso schon für alle schwierigen Zeit Anzeigen bei den Gesundheitsämtern erstatten.

Wir sind glücklich, dass wir bisher nicht mehr Infektionen in unserem Betrieb hatten.

21!

Miss Lancaster studiert in England.

Wegen der Coronakrise bin ich zurück nach Hause zu meinen Eltern nach Hamburg gefahren. Das fanden wir sicherer, als in England zu bleiben. Jetzt bin ich seit acht Wochen zu Hause. Am Anfang fühlte es sich noch so an, als wäre ich nur, wie sonst auch, in den Ferien hier.

Es war schön, wieder bekocht zu werden, auch wenn ich dabei geholfen habe. Aber nach einiger Zeit in Quarantäne fühlt man sich doch irgendwie komisch. Die Uni musste leider schließen, das bedeutet, dass ich nach ein paar Hausarbeiten für dieses Uni-Jahr schon fertig war. Keine Klausuren, also auch kein Büffeln. Was macht man da? Ein Buch lesen? Keine Geduld mehr. Netflix? Habe alles schon weggeguckt.

Insgesamt fühlt es sich so an, als würde sich alles zurückentwickeln. Ich meine, es ist schön, wieder zu Hause zu sein, aber es ist nicht vergleichbar mit dem unabhängigen Uni-Leben, das ich sonst führe. Zu Hause wird sich jeden Tag mehrmals erkundigt: Und was hast du heute schon gemacht? Warst du auch fleißig? Such dir doch online einen Job, mach online Kurse! Irgendwelche Neuigkeiten von der Uni? Habt ihr doch Klausuren? Und so weiter. Es ist zwar alles lieb gemeint, ich bin aber nicht mehr 16 und mache nicht in zwei Jahren Abitur – ich bin 21! Ich bin doch eigentlich schon von zu Hause ausgezogen und erwachsen??? Oder doch nicht?

Wenn man alleine ist an der Uni und gezwungen ist, alles selbstständig und unabhängig zu erledigen, dann macht man das auch. Man wacht zwar nicht jeden Tag auf wie Mami um halb 7, aber man hat einen Rhythmus und einen Plan, der auch fast immer funktioniert.

Tja, jetzt habe ich keinen Plan mehr.

Ich weiß selber nicht mehr, ob ich jetzt eigentlich 16 bin, weil ich faul im Bett rumliege, ob das jetzt irgendwie Ferien sind oder ob ich bei meinen Eltern nur zu Gast bin.

So eine lange Zeit wieder bei den Oldies führt auch zu immer hitzige-
ren Diskussionen über meine und unsere Zukunft. Das Problem ist, dass
diese Diskussionen überhaupt nichts bringen. Letztendlich müssen wir es
schaffen, in Harmonie zu leben, um diese Krise zu überstehen. Auch
wenn mich meine Eltern manchmal nerven und ich meine Unabhängig-
keit vermisse, weiß ich, dass alles schon wieder gut werden wird, solange
wir positiv denken und zusammenhalten. Ich bin nämlich nicht 16, ich bin
einfach manchmal ein bisschen faul, aber ich glaube, das ist ok. Solange
ich tief drinnen weiterhin 21 bin, dann schaffe ich es auch nach Corona,
mein altes neues Leben wieder zu genießen.

Mami und Papi, ich hab euch lieb.

*„Man findet in der Familienpsychologie [...] den Begriff des **Bumerang-Ef-
fekts**, der [...] das Phänomen bezeichnet, dass erwachsene Kinder, die das El-
ternhaus schon verlassen hatten, wieder in das elterliche Nest zurückkehren."*
[219]

Haare schneiden

Friederike ist verheiratet und hat eine Tochter und einen Sohn. Die Familie lebt in einer Stadt in Bayern.

Zu Beginn der Pandemie Ende Februar war ich noch relativ entspannt und bin davon ausgegangen, dass das Virus nicht schlimmer ist als das Grippevirus, und die Menschen in China evtl. mehr betroffen sind, da in den großen Städten die Luft so schlecht ist und die Lungen daher schon vorbelastet sind.

Dann kam alles auf uns zugerollt, und die Zeit, bevor die Politiker entschieden haben, alles zu schließen und runterzufahren, hat mich sehr belastet und aufgewühlt. Da ich mit zwei Kolleginnen eine Physiotherapiepraxis habe, kamen da viele Aspekte zum Tragen: Dürfen wir noch behandeln? Bin ich ein Risiko für Patienten? Aber wenn ich nicht behandele, was sind dann die Folgen? In dieser Zeit gab es keine Vorgaben und Empfehlungen. Wirtschaftlich auch nicht einfach ... wie können wir die Nebenkosten weiterzahlen, wie können wir unsere Mitarbeiter bezahlen?

Unser Vermieter hat uns ganz am Anfang angerufen und signalisiert, dass wir mit ihm reden können, wenn wir Probleme mit der Miete haben. Das war eine schöne Geste, die uns sehr berührt hat. Als dann die Entscheidung der Politik kam, alles zu schließen, hab ich mich einerseits entlastet gefühlt, andrerseits kamen natürlich auch Existenzängste hoch. Zum Glück sind wir nicht auf meinen Verdienst angewiesen, aber trotzdem fühlt es sich nicht gut an, ins Minus zu rutschen. Wir haben dann die Praxis für zwei Wochen geschlossen und der Tag, an dem meine Kolleginnen und ich alle Patienten angerufen haben, war merkwürdig. Mit jedem Telefonat wurde ich trauriger. Richtige Abschiedsstimmung ...

Als dies geklärt war, konnte ich mich zu Hause erstmal auf uns als Familie konzentrieren. Die Kinder haben anfangs gejubelt, endlich keine Schule mehr, und unsere Große wollte dann am nächsten Montag gleich mit einer Freundin in die Stadt. Da waren wir Eltern dann die Bösen, die sie nicht gelassen haben und auch sonst jegliche Kontakte unterbunden haben. In der ersten Woche haben die Kinder hier im Wohngebiet alle zusammen auf der Straße gespielt wie in den Ferien, aber das war dann auch bald vorbei. Am Anfang haben wir noch zwei Familien als Kontakt gehabt, damit die Kinder sich zumindest draußen mal treffen konnten und wir uns gegenseitig unterstützen konnten. Aber das war in Woche zwei dann auch vorbei.

Und dann begann es, richtig schwierig zu werden, da es für unseren neunjährigen Sohn dann keinen Spielpartner mehr gab und es mit uns natürlich auch nicht so toll ist. Wir haben versucht, unseren Kindern weiterhin eine Tagesstruktur zu geben. D. h. verabredet ist, dass sie morgens spätestens um neun Uhr am Schreibtisch sitzen und ihre Aufgaben erledigen sollen. Das klappt bei unserem Sohn meistens gut, da ich dann neben ihm sitze und helfe. Allerdings gibt es Tage, da ist der Frust so groß, dass nichts geht. Er ist gerade in der Phase seiner Entwicklung, in der er sich von mir als Mutter freimachen will und mehr seinen Vater als Vorbild braucht. (Und ich wollte nie Lehrerin sein!) Leider muss er mit mir lernen und seinen Vater sieht er nur zum Mittagessen und evtl. mal abends kurz. Das ist den Kindern auch sehr schwergefallen zu akzeptieren, dass der Papa zu Hause ist, aber keine Zeit für sie hat. „Immer Arbeit, Arbeit, Arbeit, von morgens bis abends. Immer ist das wichtiger!"

Dabei versuchen wir wirklich alles, um für sie da zu sein. Aber das Pensum, das mein Mann gerade machen muss, ist auch deutlich gestiegen. Er sitzt oft von früh bis spät oben am Schreibtisch. Und ich gehe jetzt an zwei Tagen, auch am Samstag, in die Praxis und bin den ganzen Tag weg.

Unsere Große, 13 Jahre alt, gerade in der Pubertät, ökonomisiert, wo sie nur kann. Wenn es keine Abgabefristen für Aufgaben gibt, und die gibt es nicht häufig, wird erstmal nichts gemacht. Sie möchte, dass wir uns raushalten und macht ihr eigenes „Ding" … Aber das klappt wohl nur begrenzt. Sie liegt sehr viel im Bett oder ist mit ihrem Handy beschäftigt. Ich denke, das nächste Schuljahr wird eine große Herausforderung für sie.

Am meisten Sorge macht mir ihre Vereinsamung, sie sucht immer weniger Kontakt mit Freundinnen und hat immer weniger Antrieb, aktiv zu sein. Was macht das mit der Entwicklung unserer Kinder? Deutlich wird mir in dieser Zeit, wie wichtig die Beziehung zu anderen Menschen ist, dass Lernen über Beziehung stattfindet. Und ich als Mutter bin nicht die beste Person für meine Kinder, sie brauchen andere Menschen, um zu wachsen und uns Eltern zu entwachsen ... je länger diese Isolation andauert, desto schwieriger wird es. Unser Sohn hat in einer Nacht in seinem Bett gelegen und einfach so vor sich hin geweint, ohne dass er sagen konnte, was los ist ...

In der zweiten Woche war unser Nachbar krank, und ab dem nächsten Tag waren auch seine Kinder nicht mehr draußen. Da hab ich mal per WhatsApp nachgefragt, ob alles gut ist, und ob wir ihnen was mit einkaufen sollen ... Die Reaktion hat mich irritiert. „Wie meinst du das? Wieso fragst du so?" Wir konnten das dann klären, aber es zeigt doch, wie empfindlich wir alle gerade sind.

Als ich mit Mundschutz aus einer Apotheke kam, als es noch nicht Pflicht war, ist eine Frau richtig vor mir zurückgewichen. Beim Joggen im Wald ist eine Frau auf einen Holzstapel gesprungen, um mir aus dem Weg zu gehen ... Das sind so Momente, in denen ich mir ganz bewusst machen muss, dass es nur die Angst des jeweils anderen ist.

Schöne Momente gibt es natürlich auch: Hefe wird geteilt, wir treffen Freunde am Gartenzaun und helfen Nachbarn, die Geschwister machen mehr miteinander, unsere Große näht Masken für unsere Praxis und die Familie, es ist plötzlich viel leiser, kein Autolärm, jeden Tag ein gemeinsames Mittagessen mit der ganzen Familie, wir lernen Haare zu schneiden ...

Nun haben wir als Familie beschlossen, dass wir es wagen und uns einen lange gehegten Wunsch erfüllen: Wir bekommen einen Hund![3] Die Fragen, was will ich in meinem Leben noch, habe ich es so gelebt wie ich wollte, auf was verzichte ich und warum ... haben schon ziemlich intensiv

---

[3] Vgl. Chronik, 19. Mai.

„gewütet". Und durch diese Zeit habe ich gesehen, dass Arbeit nicht alles ist, und ich mir meine Arbeit so einteilen kann, dass wir uns unseren Wunsch doch erfüllen können ...

Ich weiß, wegen Coronavirus

Denise und Marcus sind Eltern von Theresa und ihrem kleinen Bruder Niko-lai. Sie wohnen in einem Mehrgenerationenhaus und haben am Telefon über ihre Erfahrungen berichtet.

Unsere Tochter Theresa ist drei. Sie weiß, da ist was. Sie weiß auch, das ist eine Krankheit. Wir haben mit ihr das Video angeschaut, dieses Coronavideo für Kinder, das ist ganz nett gemacht und einfach erklärt. Da war sie dann doch erst einmal ein bisschen geschockt.

Grundsätzlich geht es ihr hier gut. Es war für sie aber ganz komisch, auf einmal nicht mehr in den Kindergarten gehen zu dürfen. Darüber war sie schon traurig, sie geht ja sehr gerne hin. Sie darf zum Beispiel auch nicht mit einkaufen gehen, was sie normalerweise immer sehr gerne tut. Sie sagt: „Ich weiß, wegen Coronavirus."

Wir achten darauf, dass sie sehr oft die Hände wäscht. Das haben wir mit ihr geübt. Auch das richtige Niesen und Husten haben wir mit ihr be-sprochen. Das klappt sehr gut.

Sie vermisst natürlich allem voran die anderen Kinder. Sie weiß, sie darf nicht mit ihnen zusammen sein wegen diesem Virus. Sie nimmt es hin, kann die Situation im Detail aber natürlich nicht nachvollziehen.

Wir haben eigentlich Glück und sind hier wirklich gesegnet. Wir haben ja zwei Hunde. Mit denen und mit dem Opa ist sie jeden Tag spazieren. Sie darf runter zu den Großeltern, die wohnen mit uns im selben Haus. Das ist natürlich für sie ganz wichtig. Und sie hat auch hier im Garten ganz viel Abwechslung. Zu Ostern hat sie ein Trampolin bekommen. Und ganz alleine ist sie ja auch nicht, sie hat ihren kleinen Bruder hier zu Hause, der ist zwar erst sechs Monate alt, aber für sie sehr wichtig. Was sie in den letzten Tagen immer wieder zu ihm sagt: „Du bist mein bester Freund." Ihr fehlen wirklich die Freunde sehr und sie versucht, es jetzt irgendwie zu kompensieren.

Ich glaube, dass die Situation bei vielen Kindern irreparable Schäden verursachen kann. Sie sind ja irgendwie eingesperrt und der Kontakt zu Gleichaltrigen ist so immens wichtig. Da sind so viele Lernschritte, die auch Theresa nur durch Interaktion erlernen kann. Oder auch dieses Austesten, wie weit kann ich bei den anderen gehen. Oder das Umgehen mit Konflikten. Ich glaube, dass die Kinder viele Verhaltensweisen von uns Erwachsenen annehmen werden in der nächsten Zeit. Und ich glaube, dass ihnen das nicht immer guttut, weil Kinder oft mit Konflikten einfacher umgehen als die Erwachsenen. Das wird dann noch ein hartes Stück Brot für sie, wieder umdenken zu müssen.

Ich denke, dass da auf die Einrichtungen sehr viel zukommt an Trauma-Arbeit, das wird jetzt immer mehr werden. Und ich muss sagen: Dafür sind leider viele nicht ausgebildet. Auch hier fehlt Fachpersonal. Die Coronazeit zeigt, wie wichtig es ist, genau auf diese Menschen bauen zu können.

Dankbar

Marina wohnt an einem Wäldchen im Nürnberger Land.

Seit mein lieber Mann gestorben ist, lebe ich alleine in meinem Haus und Garten, meinem kleinen Paradies. Aber besonders gesellig war es im Garten Eden ja auch nicht. In meinem Umfeld ist niemand erkrankt, keiner muss um seinen Job bangen, allen geht es wirtschaftlich gut.

Unweit befindet sich ein Altenheim, dort wollte ich eine Telefonfreundschaft zu einer alten Dame aufbauen, die ich später auch besuchen könnte. Geht leider nicht, 95 Prozent sind dement. Also dachte ich, bekoche ich meine Nachkommen, die in ihren Häusern am Schreibtisch sitzen. Um möglichst wenige Leute zu treffen, gehe ich schon um 7 Uhr zum Einkaufen, und ob ich dann eine Wurst nur für mich nehme oder zehn für meine Lieben, ist gleich gefährlich. Die Töpfe werden auf meinem Briefkasten getauscht.

Weltweit spielen sich Dramen ab, aber mir und vielen anderen geht es gut, darum nervt mich das Gejammer über die Einschränkungen, die zu unseren Gunsten sind!

Sollte ich mich dennoch anstecken, wäre das wegen meiner COPD vielleicht tödlich, aber ich habe schon ein gutes langes Leben hinter mir, wofür ich unendlich dankbar bin!

Gefangen im Altenheim

Theresa geht in die 7. Klasse einer Realschule.

Vor fünf Monaten kam Oma Annette ins Altenheim,
dort war sie nicht allein.
Schnell hatte sie Freunde viele
und machte tolle Spiele.

Viele kamen sie besuchen
und aßen mit ihr Kuchen.
Besonders Enkel Klaus
kam oft zu ihr ins „neue" Haus.

Doch plötzlich kam das Virus Corona,
dies war schlecht für die Bewohner.
So eine schlimme Pandemie,
gab es in Omas Leben noch nie.

Besuch kam keiner mehr,
das kränkte Oma sehr.
Im Zimmer saß sie tagein tagaus allein,
nur ab und zu kam ein Pfleger herein.

Zum Pfleger sprach sie: „Das ist hier wie im Gefängnis,
du wirst schon sehen, das wird mir noch zum Verhängnis.
Das halte ich nicht mehr aus,
ich will zu meinem Enkel Klaus."

Bald sprach Oma mit niemandem ein Wort
und dachte schon an Selbstmord.
Doch sie hatte weder Messer noch Strick,
da war sie noch mehr geknickt.

The Singapore Way

Karin lebt mit ihrem Mann und ihren Kindern seit vier Jahren in Singapur.

Schon früh im Jahr hatten wir unseren ersten Covid-19-Infizierten. Importiert aus China. Recht schnell wurden mögliche Kontaktpersonen ausfindig gemacht und so konnte eine weitere Infektion eingedämmt werden. Bis Märzbeginn waren es gerade mal zwei Infizierte.

Doch in Europa stiegen die Coronafälle und Singapur verhängte zum Schutz der Bevölkerung einen Einreisestopp. Auch Deutschland wurde auf die Liste der Risikoländer gesetzt. Alle Einreisenden hatten sich nun in zweiwöchige Hotelquarantäne zu begeben, die zu Anfang aus Staatsgeldern finanziert wurde.

Ende März war bei uns die Zahl der Infizierten auf 50 gestiegen, vor allem durch importierte Fälle. Es wurden unterschiedliche Maßnahmen ergriffen: Beim Betreten von öffentlichen Gebäuden und *Shopping Malls* wurde Fieber gemessen, das Ausfüllen von *Contact Tracing* Formularen sollte mögliche Infektionsketten schnell aufdecken. Auf Plakaten und in Werbespots erhielt die Bevölkerung Hinweise zur richtigen Reinigung der Hände.

Die Infektionsrate wurde sehr genau überwacht, wir erhielten täglich WhatsApp- und Push-Nachrichten, wie sich die Zahlen entwickelten. Alles schien sich in den folgenden zwei Wochen zu beruhigen. Das wäre schön gewesen, aber plötzlich stiegen die Zahlen doch sprunghaft an. Am 7. April startete Singapur in den *Circuit Breaker* – den gezielten Lockdown zur Unterbrechung der Infektion. Restaurants, Bars, Kinos etc. wurden geschlossen oder stellten auf *Delivery Only* um.

Nun kleben überall Absperrbänder – zuerst nur auf jedem 2. Sitz, sogar Waschbecken und Urinale in öffentlichen Toiletten wurden so abgesperrt, später alle Sitzgelegenheiten. Alle Bänke sind verklebt, Wege in den Parks gesperrt. Dass sich somit mehr Menschen auf weniger Platz befinden, wurde auch bald festgestellt, und so darf man jetzt nur noch allein zum Joggen in der unmittelbaren Nachbarschaft oder allein zum Einkaufen. Natürlich nur mit Maske. In manche Läden darf man nur jeden zweiten Tag, je nach ungeraden oder geraden Endzahlen der ID-Karte.

Masken wurden kostenfrei von der Regierung ausgegeben. Auch erhielt jeder Haushalt 500 ml *Sanitizer*. Die Maßnahmen werden oft bildlich erklärt und jeder *Resident* weiß genau, was erlaubt ist, und was nicht. Strafe für Nichtbeachten der Regeln: 300 Dollar fürs erste Vergehen, ab 1.000 Dollar und mehr sowie Gefängnis für weitere. Ein Mann musste Strafe zahlen, weil er 30 Minuten vor Ablauf seiner Quarantänezeit das Haus verlassen hatte. Eine Gruppe *Expats*[4], die sich ein Bier am Straßenrand genehmigten, erhielten hohe Geldstrafen und ein lebenslanges Arbeitsverbot in Singapur.

Das klingt möglicherweise überzogen, aber so funktioniert Singapur – ein Land, in dem wir unsere Teenager ausgehen lassen können, ohne Sorge, ohne Angst. Für Europäer mag die Überwachung und die Anzahl an Regeln befremdlich wirken, aber hier wird nach dem Motto „meine Freiheit endet da, wo die Freiheit meines Nachbars anfängt" gehandelt. Regeln werden dementsprechend aufgestellt mit allseits bekannten Konsequenzen bei Nichtbeachten. Noch nie fühlten wir uns in einem Land so sicher wie in Singapur.

Kleine Unternehmen, die während des Lockdowns schließen mussten, erhalten finanzielle Unterstützung von der Regierung und die Beamten der oberen Regierungsriege verzichteten auf Teile ihres Gehalts, was an die *Front Worker* (Krankenhausangestellte, Reinigungskräfte usw.) ging. Es wird für die Bevölkerung gesorgt.

Der *Circuit Breaker* sollte ursprünglich bis zum 5. Mai andauern, aber dann ging das Pulverfass „Schlafstätten der Tagesarbeiter" hoch. Dass das niemand von Anfang an auf dem Radar hatte, ist mir in dem sonst völlig durchorganisierten Singapur ein Rätsel. Von einem auf den anderen Tag wurden 20.000 Arbeiter unter Quarantäne gesetzt. Täglich gab

---

[4] Personen, die längere Zeit im Ausland, hier: in Singapur, leben.

es mehr als 1.000 Neuinfizierte. Bis heute knapp 20.000 insgesamt in Singapur. Glücklicherweise ist die Todesrate nicht entsprechend gestiegen. Infizierte werden schnell und effektiv isoliert. Das Gesundheitssystem ist nicht überlastet und so kann gut behandelt werden. Gesunde Arbeiter werden in bereitgestellte Unterkünfte verlegt, kranke vor Ort medizinisch versorgt. Aber natürlich wurde der Lockdown verlängert. Bis zum 1. Juni, hat der Premierminister gesagt. Die Maßnahmen zum Schutz der Bevölkerung wurden verschärft.

Meine Freundin kam mit ihrem Mann aus Europa zurück und musste sich sofort in häusliche Quarantäne begeben. Kontrolleure kamen und erklärten, dass sie die Wohnung nicht verlassen dürfen, das Handy auf Ortung zu stellen sei. Sie werden vier Mal täglich angerufen und müssen Fotos und Videos ihrer Umgebung senden. Freunde versorgen sie mit Lebensmitteln, die Tüten werden vor der Haustüre abgestellt.

Durch die Parks patrouillieren Kontrolleure und Roboter[5], die aufpassen, dass man sich an die Regeln hält. Manche vergeben Strafen an Jogger, die unerlaubterweise außerhalb der Wohnung getrunken haben. Essen ist in der Öffentlichkeit nicht mehr erlaubt.

Jeglicher persönliche Kontakt zu Personen außerhalb des eigenen Haushalts ist ebenso nicht erlaubt. Ich traf heute zufällig meine Freundin im Supermarkt. Wir sahen uns nicht in die Augen, wir sprachen in unsere Handys, damit es aussieht, als würden wir telefonieren. Wir kamen uns ein bisschen vor wie Kriminelle. Oder wie James Bond.

PS: Da man in Singapur momentan nirgends in der Öffentlichkeit essen und trinken darf, ich kein Mittagessen hatte und die Strafen hoch sind … in der Damentoilette eingeschlossen, um Caramel Latte runterzustürzen. Wie wird das weitergehen???

---

[5] Vgl. Chronik, 11. Mai.

Erschöpft

Jonna ist alleinerziehende Mutter und lebt mit ihren Kindern Melike (10) und Henri (6) in München. Ihr Beitrag ist ein Auszug aus ihrem Tagebuch.

Es ist so furchtbar. Wir gehen uns alle auf die Nerven. Seit acht Wochen hocken wir zu dritt aufeinander und daheim. Dieses Nichts-tun-Können nervt uns alle an.

Nach acht Wochen Corona, Shutdown und sozialer Abgeschiedenheit gehen uns die Luft und die gute Laune aus. Auf Wiese und Wald hinter unserem Haus haben wir keine Lust mehr. Und etwas anderes können wir leider nicht unternehmen.

Henri kann das gerade erlernte Freischwimmen nicht mehr üben, da wir nicht ins Schwimmbad dürfen. Melike kann keine Reitstunden nehmen, obwohl sie das so sehr für ihr Selbstvertrauen braucht. Wir können uns keine neuen Bücher und Hörbücher ausleihen, da die Bibliotheken geschlossen sind. Wir können nicht ins Kino, Museum, Theater. Auch Ausflüge sind nicht möglich – kein geplanter Kurzurlaub im Allgäu, keine Hüttentour in den Bergen, kein Besuch bei den auswärts lebenden Großeltern oder auch nicht bei Freunden hier, gar nichts.

Und es findet keine Schule statt, wohl weiterhin nicht bis zum Sommer. Dann hätten wir tatsächlich knapp vier Monate Homeschooling gemacht plus vier Wochen Ferien zuhause verbracht! Und wie geht es im Herbst weiter?! Geht es weiter?! Diese Ungewissheit kostet auch Kraft. Für wie lange brauchen wir noch Zuversicht und Durchhaltevermögen?! Was passiert mit der Wirtschaft und den Menschen?!

Die Kinder sehen keine Lehrer, Erzieher, keine anderen Kinder und Bezugspersonen. Sie können sich nicht mit Gleichaltrigen austauschen, nicht mit ihnen herumalbern. Sie bekommen auch keine Anerkennung durch die Lehrer, in der Gruppe. Und sie reiben sich immer nur an mir, weil sie mit keinem anderen Kontakt haben.

Die Leute unterhalten sich über Gartenzäune hinweg oder mit zwei

Meter Abstand auf einer Parkbank. Du kannst deine Freundin nicht mehr umarmen. Und wenn du im Supermarkt jemandem zu nah kommst, wirst du böse angeschaut.

„Menschen rücken auseinander, Gesichter verschwinden." Das habe ich in der Corona-Berichterstattung im Fernsehen gehört – und das stimmt so sehr, dass es mir Angst macht. Das ist kein schöner Zustand!

Auch diese Doppel- und Dreifachbelastung ist mir zu viel. Von heute auf morgen bin ich plötzlich Lehrerin, Köchin, Horterzieherin und „nebenbei" weiterhin auch Arbeitnehmerin und muss im Homeoffice – neben Homeschooling und täglichem Kochen – auch noch meinen Job erledigen. Meine Tage sind voller und arbeitsreicher als vor Corona. Wie lange kann ich das aushalten? Und woher bekomme ich Ausgleich und Entspannung, wenn alles geschlossen ist?

Als zum Ende der Osterferien die Info kam, dass die Schulen bis auf weiteres geschlossen bleiben, war ich so niedergeschlagen und habe geweint. Vielen Freundinnen von mir ging es ähnlich.

Ich bin auch so empört, dass wir alle so weggesperrt werden. Dauerisolation macht uns doch nicht resistent! Bildung ist ein Grundrecht und der Schulbesuch gesetzliche Pflicht. Ich finde es auch unerhört, Treffen mit Freunden und Familienbesuche vom Staat verbieten zu lassen. Das schlägt voll aufs Gemüt. Gesundheit um jeden Preis?!

Und dieses digitale Lernen ist eine weitere Herausforderung und Belastung. Für die Schulen auch. Sie müssen hier ebenfalls umdenken, neu organisieren und es ist für alle nicht leicht. Doch gerade hier gibt es noch viel Verbesserungspotential! Auf verschiedenen Wegen müssen wir schauen, wo Aufgaben und Arbeitsblätter eingestellt sind (Elternportal, Schülerportal, per E-Mail). Dann wird auch vorausgesetzt, dass wir einen Drucker und Scanner daheim haben. Ich kann doch nicht immer alles abfotografieren und hochladen und jedes Mal Freunde bitten, etwas auszudrucken. Warum werden nicht alle Arbeitsblätter zum digitalen Bearbeiten erstellt?! Hier sind wir ganz schön rückschrittlich.

Alle diese Bedingungen und Belastungen erschöpfen mich sehr ...

Lasst euch doch anstecken

Dieter arbeitet in der IT-Sicherheit. Sein Beitrag ist aus einem Telefongespräch entstanden.

Das Problem fing mit den Corona-Einschränkungen an. Denn meine Ex hat das ein bisschen lockerer gesehen und unseren beiden Töchtern durchaus Kontakte erlaubt. Die eine Tochter, die ist 17, hat seit einiger Zeit einen Freund, der durfte kommen, sie durfte zu ihm. Aber der Freund hatte auch wiederum Kontakte zu zwei anderen Freundinnen. Und das war für mich ein bisschen fragwürdig. Mit 65 fühle ich mich zwar nicht einer Risikogruppe zugehörig, aber bei älteren Patienten kann es ja durchaus etwas ernster verlaufen. Und da wollte ich nicht unbedingt ins offene Messer laufen und habe meiner Ex meine Bedenken mitgeteilt und versucht ihr zu erklären, dass ich damit nicht einverstanden bin, wenn ich die Kinder in diesen Corona-Zeiten weiterhin alle 14 Tage an den Wochenenden zu mir nehmen soll. Denn ich lebe mit meiner Partnerin und ihrer 16-jährigen Tochter zusammen, wir halten uns an die vorgegebenen Maßnahmen und wollen keine Infektion riskieren.

Dann hat sie versucht mich zu überzeugen, dass dieser Corona-Hype doch gar nicht so schlimm ist. Und hat mir Links von Leuten geschickt, die behaupten, eine Corona-Infektion verlaufe ähnlich harmlos wie eine Grippe und die Lockdown-Maßnahmen seien absolut überzogen und den Bürgern gegenüber unverantwortlich. Die Einschränkungen der Persönlichkeitsrechte seien nicht vertretbar. Und wenn Menschen sterben, sei das genauso wie bei einer Grippe-Epidemie.

Das sind deren Argumente und das ist nicht akzeptabel. Wenn man sich mit der Thematik ein bisschen näher befasst, dann wird man feststellen, dass die Infektiosität des Coronavirus bei Weitem höher ist, als das bei einer Influenza der Fall ist, und dass sich das Virus nicht nur saisonal ausbreitet.

Unsere Diskussionen führten am Ende dazu, dass ich den Kontakt zu ihr reduziert und mich gefragt habe, ob wir jemals wieder vernünftig reden können. Anhänger dieser Theorien lassen sich von Gegenargumenten leider nicht überzeugen.

Aber die Verantwortung für die Kinder erfordert ein einigermaßen gutes Verhältnis zur Mutter. Ich habe meinen Kindern aber ganz klar gesagt, dass ich die Corona-Lage komplett anders sehe als die Mama. Dass wir es auf die Lockdown-Maßnahmen zurückführen können, dass die Entwicklung in Deutschland relativ harmlos verlaufen ist. Ich habe ihnen Bilder aus Italien, Spanien und New York gezeigt, auf denen überfüllte Krankenstationen und viele Särge zu sehen waren. Meine 15-jährige Tochter meinte dann zwar, die Mama dürfe das aber doch alles äußern, wenn sie glaubt, dass diese Maßnahmen unnötig sind. „Ja, schon", habe ich gesagt, „aber man muss dabei immer der Realität ins Auge blicken. Man kann nicht irgendwelchen Äußerungen von vermeintlichen Experten glauben. Die Verunsicherung, die sie in unserer Gesellschaft schüren, ist riesengroß. Und die Mama wird doch sicher auch diese Bilder kennen, die ich euch gezeigt habe."

Am Ende, wenn es dann zu einer Infektion durch meine Kinder gekommen wäre, ich weiß nicht, wie sie reagiert hätten. Und wenn es etwas Schlimmeres geworden wäre — kann man sich ja nur schwer ausmalen, wie so etwas ausgeht. Aber dass innerhalb der Familie gesagt wird, lasst euch doch einfach anstecken, ist äußerst fragwürdig.

Dann ist es leider so, dass meine Ex auch Impfgegnerin ist. Das passt mit den Verschwörungen sehr gut zusammen. Sie meinte, impfen gegen Corona käme für sie auf gar keinen Fall in Frage. Denn das, was eine Impfung im Körper anrichtet, sei völlig unvorhersehbar, und Impfungen würden meist nicht helfen. Das war ihre Reaktion auf meine Bereitschaft, mich gegen Corona impfen zu lassen, sobald ein Impfstoff vorhanden ist. Da stecke doch maßgeblich ein Bill Gates dahinter, der nicht nur die Pharmaindustrie manipuliert, sondern auch die Medien. Eine Grafik über den vermeintlichen Geldfluss der Bill-Gates-Stiftung gab es noch dazu. Die Corona-Warn-App zu installieren sei für sie ebenfalls absolut undenkbar, das sei doch der Versuch uns auszuspionieren.

Dann habe ich gedacht, eigentlich ist es jetzt genug mit den Verschwörungstheorien. Aber jetzt haben wir in der engen Familie leider jemanden, der sich eine Armbrust zugelegt hat. Der sagt: „Na ja, jetzt in Zeiten von Corona, wenn die Leute austicken und alles hier den Bach runtergeht, da muss ich doch meine Familie beschützen."

Ich weiß nicht, wie ich mit dieser Situation umgehen soll. Das ist irgendwie … keine Ahnung. Es macht einen manchmal hilflos.

Der Himmel ist so schön

Luna geht in die fünfte Klasse eines Gymnasiums in Oberbayern. Für dieses Buch hat sie einen Schulaufsatz etwas verändert.

Als die Coronazeit begann und ich erfahren habe, dass die Schule wegen Corona geschlossen wird, dachte ich mir zuerst, das ist richtig cool. Doch dann habe ich auch die weniger tollen Seiten gesehen. Gefreut habe ich mich, dass ich nicht um 6 Uhr aufstehen muss. Traurig war ich, weil ich meine Freunde und Lehrer nicht mehr sehen konnte. Bei unserer Mathe-Lehrerin begann während der Homeschooling-Zeit der Mutterschutz, und wir werden sie nicht mehr sehen und konnten uns gar nicht richtig verabschieden.

In der Familie hat sich vieles verändert, meine Eltern arbeiten jetzt jeden Tag im Homeoffice und sind immer daheim. Meine zwei älteren Schwestern (14 und 18 Jahre) sind auch nicht so viel unterwegs wie sonst. Auch ich bin mehr zu Hause, ich kann nichts mit Freunden ausmachen und Sport im Verein, Musik und Pfadfinder fallen auch aus, das ist nicht so toll.

Deshalb verbringen wir als Familie mehr Zeit miteinander und zwar alle fünf. Meine Eltern und Schwestern können sich ja auch mit keinen Freunden treffen. Sonst fehlte oft mindestens einer aus der Familie. Das finde ich jetzt viel schöner so. Deswegen machen wir viele Sachen jetzt öfter, für die sonst weniger Zeit war, wie Brettspiele etc. Meine älteste Schwester geht mit mir joggen, meine andere Schwester hat mir Radschlagen beigebracht. Und ich kann jetzt sehr viel besser Inlineskaten und Tischtennis spielen. Aber es gibt dafür mit meinen Schwestern auch mehr Streit.

Das Homeschooling war zuerst nicht so toll, es fiel mir schwer, mit dem Computer klarzukommen. Und wann ich welche Aufgabe machen muss. Mittlerweile beherrsche ich es gut und ich finde es nicht mehr schlimm. Ich kann jetzt sogar am PC Texte tippen und speichern und in die Schulcloud hochladen. Da meine Eltern zu Hause sind, können sie mir bei Fragen immer helfen. Auch meine Schwestern kann ich immer fragen. So macht Schule fast mehr Spaß, ohne frühes Aufstehen, das Ausfragen und den Schulranzen packen.

Ab nächster Woche geht die Schule wieder los, im Wechsel eine Woche Schule, eine Woche Homeschooling. Ich freue mich drauf, aber weil die Klasse geteilt wird, habe ich Angst, dass ich nicht mit meinen Freunden zusammenkomme. Die Sommerferien ohne Wegfahren werden sicher komisch. Aber wenn von meinen Freunden auch mehr daheim sind, dann kann ich sie treffen, habe Zeit zum Spielen und so.

Ich wünsche mir sehr, dass ganz bald ein Impfstoff hergestellt wird und dass alle aus Corona lernen und weniger Flugzeuge oder andere umweltverschmutzende Fahrzeuge fahren oder fliegen. Der Himmel ist so schön ohne Kondensstreifen.

Aber ich habe auch Angst, dass die Welt nie wieder normal wird und auch dass niemand daraus lernt. Die Coronazeit kann ich nie vergessen, glaube ich, ich werde mich immer an diese Zeit erinnern. Vielleicht wird die Erinnerung aber verblassen.

Weil es tut mir so leid

Die Erklärung von Senas Corona-Geschichte ist beinahe so lang wie ihre Geschichte selbst: Sena ist fast fünf Jahre alt und lebt seit ihrer Geburt in einer Flüchtlingsunterkunft. Ihre Eltern stammen aus Äthiopien. Senas Ersatzmama Hulu ist krank, deshalb darf ihre Freundin Mariam Sena nicht besuchen. Ihr Mitbewohner Abbas ermöglicht ihr, eine Videobotschaft an Mariam aufzunehmen.

Ich war spazieren, weil … ohne Mama, aber ich bin ohne Auto gegangen, jetzt geh ich leider … mit Auto, weil es tut mir so leid, niemand kann zu mir gehen in mein Haus, es ist Corona, und Hulu ist gerade Corona, weil sie ist noch ein bisschen krank. Mariam ist leider … hallo! … aber ich kann …, wie Abbas gesagt hat, kann ich was sprechen, aber es wär gut, wenn ich Salam Aleikum sag, das wär cool! Gleich regnet 's. Tschü-üs!

Beklemmend

Christian lebt mit seiner Frau in Schleswig-Holstein.

Ein Tag im April. Wir fuhren nach Sylt, meine Frau ist dort mit Hauptwohnsitz gemeldet. Ein Blick auf Dr. Google zeigte mir, auch Ehegatten und Kinder durften dorthin, auch wenn sie ihren Hauptwohnsitz, wie ich, woanders haben.

Mit Heiratsurkunde ausgestattet ging es mit der Bahn nach Westerland. Bei der Abfahrt kein Mensch am Bahnsteig, auch der Zug menschenleer, nicht einmal eine Fahrkartenkontrolle gab es.

Am nächsten Tag für eine Wanderung mit dem Bus nach Norden. Wie in einem großen Privattaxi, nur der Busfahrer und wir. Dann durch die Dünen ans Meer und knapp drei Stunden am Strand entlang zurück – menschenleer. Promenade in Wenningstedt – nichts los. Westerland, sonst Tummelplatz – jetzt verwaist, niemand.

Was für ein einmaliger Tag. Wunderschöne Natur und Sonnenschein. Aber die Stimmung: beklemmend.

Am Abend las ich auf Dr. Google nochmal die Anweisungen aus dem Innenministerium in Kiel. Oh Schreck – das mit dem Ehegatten und den Kindern hatte ich falsch interpretiert.

Ich war illegal auf Sylt!

Das ist blöd

Marc ist zehn Jahre alt und geht auf eine Grundschule. Von seinen Erlebnissen hat er in einem Telefongespräch erzählt.

In den letzten Wochen war's halt so, da haben wir so 'ne App gehabt, da hat unsere Lehrerin Informationen, die wichtig sind, immer drauf gemacht. Und dann hat sie uns manchmal auch etwas vorgelesen über Videos, die sie über YouTube aufgenommen hat. Und danach gab's manchmal noch so Videos, die man sich für den Unterricht angucken konnte.

Also, jetzt ist es schon toll, dass die Klassen so zweigeteilt sind, also dass weniger Schüler in jedem Raum sind. Weil ... es ist halt richtig toll, dass es nicht mehr so laut ist. An jedem Tisch sitzt ein Kind. Vormittags sitzt auf der einen Seite von dem Tisch ein Kind und nachmittags auf der anderen Seite ein anderes Kind.

Na ja, es ist schon okay so, wie's gerade ist, aber von den ganzen Freunden darf man jetzt nur einen einzigen treffen und nicht in Gruppen, man kann keine Geburtstage mit anderen feiern, ist halt richtig blöd. Vielleicht so langsam im September könnte sich das wieder ändern, weil jetzt gibt es immer noch sehr viele Corona-Fälle und so, und die Anzahl steigt ja wieder, ich glaube, die steigt in vielen Ländern. Das ist blöd, dass wir uns noch gedulden müssen.

Mich macht es auch ein bisschen wütend, dass manche aus meinem Alter oder Ältere, Jugendliche, sich einfach einen Scherz daraus machen, nicht auf die Regeln achten, zum Beispiel andere anhusten. Viele kümmern sich nicht um den Abstand. An unserer Schule ist einer, der zockt da immer auf seinem Handy, so 'n Spiel. Da gucken die anderen ihm einfach über die Schulter. Ich sag denen aber nichts, weil das sind ziemlich sture Jungs bei uns und die machen dann eher noch schlimmer weiter, weil sie die Kinder ärgern wollen, das ist halt richtig blöd.

Aber mir passiert 's auch manchmal, es ist schon ein bisschen schwierig, die Regeln einzuhalten. Manchmal denkt man auch nicht dran. Zum

Beispiel bei einem Freund, den darf ich jetzt gar nicht mehr zu Hause treffen. Meine Mama hat gesagt, wir können es noch einmal versuchen, aber wenn's genauso läuft wie letztes Mal, dann dürfen wir das nicht mehr. Und das finde ich eigentlich auch gut so.

Das mit dem Coronavirus ist passiert, weil die Leute, die haben das einfach nicht ernst genommen. Zum Beispiel als zum ersten Mal Corona entdeckt wurde von einem Professor, haben die anderen ihm einfach nicht geglaubt, und dadurch hat sich dann dieses Virus einfach verbreitet. Wenn die anderen ihm geglaubt hätten, dann hätten sie zu ihm Abstand gehalten und hätten ihn nur besucht, wenn es ganz wichtig wäre. Und dadurch wäre es auch nicht weiter schlimmer geworden, und der Arzt hätte es vielleicht sogar überlebt, und keiner würde sich bei ihm anstecken.

Ich wollte noch sagen, dass es sehr wichtig ist, dass alle Leute, die dieses Buch lesen, sollten genau diese Regeln, die wegen Corona entstanden sind, auch nach Corona noch beachten, falls es nochmal ein paar Personen gibt, die sich anstecken. Und die Jugendlichen und anderen, die das nicht ernst genommen haben, sollen sich an den anderen Leuten ein Vorbild nehmen, dass sie es so vorbildlich geschafft haben und Abstand gehalten haben und dass sie das lieber nicht mehr machen sollten, weil sie sonst selber in Gefahr sind.

Ich glaube schon, dass das mit dem Virus sogar in die Weltgeschichte eingehen könnte.

Die eigene Verantwortung

Petra ist Lehrerin an einem Gymnasium.

Ich bin erstaunt über unsere Gesellschaft und die Veränderungen in der Demokratie. Ich bin fassungslos, wie viele Dumme es in Deutschland eigentlich gibt und wie wenig aber darauf eingegangen wird.

Ich kann verstehen, wenn viele Menschen die Regierenden als „Elite" beschimpfen, denn die Art und Weise, wie sie reden, ist einfach zu unverständlich. Allein die vielen Fremdwörter, die dieser komplexen Situation geschuldet sind, tragen dazu bei. Und dazu kommt dann noch die Angst vor dem Virus. So wird es nachvollziehbar, wenn Verschwörungstheorien auf fruchtbaren Boden fallen. Sie lenken mit einfachen Erklärungsmustern vor der eigenen Unzulänglichkeit des Nichtverstehens, aber auch vor der diffusen Angst der Ansteckung ab und erlauben einfache Vorstellungen.

Vor allen Dingen lenken sie ab von der eigenen Verantwortung.

Und das ist es auch, was mich so wundert: Dass die Menschen nicht mehr die Vorstellung von ihrem eigenen Anteil haben, den sie in dieser Situation tragen müssen, seien es die Abstandsregeln oder die wirtschaftliche Situation. Die Regierung stellt nicht genug klar, dass sie auch nicht weiß, wie es weitergeht, denn das weiß niemand. Die Medien haben anscheinend nicht kapiert, dass sie jetzt nicht mehr die Aufgabe haben, die Arbeit der Regierung kritisch zu hinterfragen, sondern mit der Regierung zusammenzuarbeiten. Es ist einfach Schwachsinn in meinen Augen, die Wissenschaftler, auf die sich ja die Politik zurzeit stützen muss, so anzugreifen, dass sie sich aus der Öffentlichkeit zurückziehen. Oder Entscheidungen von Politikern in einen anderen Kontext zu stellen, so dass sie unglaubwürdig erscheinen, wie etwa die von Herrn Ramelow, der eigentlich klug gehandelt hat.[6] Er will die Verantwortung an die Bürger übertragen, aber das ist ja nicht mehr so gefragt.

Ich staune auch über mein Glück, das ich in meinem Leben bisher erfahren durfte: Es gab keinen Krieg, dafür ganz viele positive Entwicklungen: das Ende das Kalten Krieges, die Wiedervereinigung, wirtschaftlicher Wohlstand und immer Freiheit. Äußere Bedrohungen gab es praktisch keine.

Jetzt müssen wir recht dramatisch erfahren: Die Parameter der Welt und des Lebens haben sich verändert.

Mir wird auch bewusst, wie kostbar der direkte Kontakt zu den Menschen ist, die Berührungen und das Miteinanderreden, wie viel dadurch transportiert wird, worüber man sich nie Gedanken machen musste.

Das sehe ich vor allen Dingen an meinen Schülern: Der Online-Unterricht kann nicht klappen, denn es besteht keine gemeinsame Kommunikationsbasis, die andere, wichtige Aspekte transportiert, zum Beispiel, dass Wissen an sich wichtig ist und es nicht nur auf die Noten ankommt. Die Kinder, die jetzt von dieser Krise betroffen sind, werden so viel an Bildung verlieren, dass es mir ganz schwer ums Herz wird, wenn ich nur daran denke. Und damit meine ich nicht nur Faktenwissen, sondern auch das Lernen von Gefühlen in einem Arbeitsbereich.

Auf der einen Seite wünsche ich mir so sehr, in den alten Alltag wieder zurückkehren zu können, auf der anderen Seite hoffe ich, dass die Krise noch einige Zeit dauern wird, damit wirklich viel daraus gelernt werden kann, vor allen Dingen: Es ist das Virus, das unser Leben so verändert, nicht die Regierung.

---

[6] Vgl. Chronik, 27. Mai.

Am Grab

Sylvia lebt in Oberfranken.

Tja, Corona… seit acht Wochen sind wir alle jetzt im Homeoffice und ich muss sagen, ich empfinde es nicht als schlimm. Ich sitze im Garten am Laptop …

Ich glaube, es gibt in dieser Krise viel schlimmere Schicksale – bei uns war es „nur", sich an die ungewöhnliche Situation zu gewöhnen und zu verhindern, dass wir krank werden.

Allerdings bin ich an meine Grenzen gestoßen, als mein Onkel während der Krise seinem Krebsleiden erlegen ist, und wir ihn ganz furchtbar zu fünfzehnt am Grab verabschieden mussten[7] – jeder mit 1,5 m Abstand zum nächsten und in 20 Min. war alles passiert und auch nachher ist jeder nach Hause gegangen, kein Treffen im Anschluss, überhaupt nichts …

---

[7] Vgl. Chronik, 20. März.

Könnte man fast so lassen

Andreas ist in der Medizintechnik tätig.

- Virusausbruch in China, ist glücklicherweise weit weg – aber was passiert mit meinen Kollegen und deren Familien, die dort leben?
- Erster Fall bei Webasto. Unser geplanter Workshop mit chinesischen Kollegen wird abgesagt, Glück gehabt – hätte mich gerne wieder persönlich mit ihnen getroffen, fühlen die sich nun ausgegrenzt? Hoffe, die kommen da durch.
- Italien! … auch noch relativ weit weg – die Welle kommt näher, wie lange mag es noch dauern?
- Erste Fälle in der Schweiz. Eigentlich auch noch weit genug weg – aber unsere Tochter lebt dort. Wir wollen sie am Wochenende besuchen. Verunsicherung. Sieht so aus, als ob wir dieses Wochenende für unbestimmte Zeit eine letzte Chance auf ein Treffen hätten. Oder doch lieber auf Nummer sicher gehen? Die Bayerische Regierung warnt nun auch. Wir sagen unseren Besuch ab. Enttäuschung auf beiden Seiten.
- Die Welle kommt auch in D an. Wie reagiert man, brauchen wir Vorrat? Warum drehen plötzlich – gefühlt – alle durch im Supermarkt? Die Familie ist gesund und Hamstern gibt's nicht!!! … oder ist das doch ein Fehler, sich nicht einzudecken …!?!
- Wie geht's im Geschäft weiter? Wir arbeiten vom Home-Office aus – wie soll das gehen? Alles läuft über elektronische Kommunikation. Am Anfang ruckelt die IT – wird aber in erstaunlich kurzer Zeit schnell und stabil.
- Besprechungen virtuell und elektronisch. Da fehlt einem vieles … Hoppla, es geht ja doch. Kamera an. Man sieht sich. Das hilft.
- In der Familie: Wie versorgen wir/sich unsere Älteren (Mitte 80 und Anfang 90)? Gut, dass wir ihnen vor zwei Jahren Tablets geschenkt haben. Können wir wenigstens Bilder austauschen.

- Der Termin für den nächsten Workshop naht. Sollen wir den nicht lieber auf nach Corona verschieben? Aber wann ist das? Probieren neues IT-Tool. Etwas aufwendig die Vorbereitung, funktioniert aber – wider Erwarten – erstklassig. Und: Keiner braucht hinterher Protokoll zu schreiben. Ist ja alles schon elektronisch dokumentiert!
- Unsere zwei Enkel (2 Jahre und knapp 1 Jahr) machen tolle Entwicklungsfortschritte, sagt man. Und wir sind nicht dabei. Aber immerhin, die sozialen Medien helfen …
- Anruf der Tochter (Bauingenieurin) aus der Schweiz: Wann könnt ihr mal wieder kommen? Würde gerne mit euch besprechen, wie es bei mir beruflich weitergehen wird. Rechne damit, dass alle Baustellen geschlossen werden. Und was heißt das dann …
- Man gewöhnt sich ans Home-Office. Spart sich die Fahrzeit von ca. 1,5 h täglich. – Allerdings: Man findet oftmals kein Ende, beginnt schon kurz nach dem Frühstück und kann dann spät abends auch noch ein paar Mails beantworten. Der Rechner steht ja gleich nebenan und läuft ohnehin noch …
- Anruf am Wochenende. Ein Elternteil erkrankt – hat nichts mit Corona zu tun, aber – ausgerechnet jetzt! Krankenhaus lehnt Aufnahme ab. Wir versuchen per Telefon zu überzeugen, den Notdienst zu verständigen. Dritter Versuch klappt. Thema ist nach vier Tagen wieder im Griff.
- Wir richten Skype für die komplette Verwandtschaft inkl. der älteren Generation ein und starten mit virtuellen „Spaziergängen durch den Garten". Hilft gegen „Depressions-Anfangsverdacht". Siehe da, sie skypen auch ohne unser Zutun mit ihren Enkeln und Urenkeln. Hoffentlich sind wir in 20-30 Jahren auch noch so gut drauf …!!!
- Mein runder Geburtstag am gleichen Tag mit Schwiegermutters vierundneunzigstem. Das haben wir uns beide anders vorgestellt. Immerhin ein kurzes Kaffeetrinken zu dritt mit Abstand und Maske bei ihr im Garten. Das war's dann für den Tag. Feier wird nachgeholt – irgendwann, kommt ja nächstes Jahr wieder!
- Upps, der Rücken schmerzt. Verdammt, man bewegt sich nicht mehr.

Man geht nicht mal mehr zur nächsten Besprechung ein paar Meter in einen anderen Raum. Man bleibt sitzen und klickt sich in das nächste Meeting. Müsste eigentlich zum Ausgleich mehr tun …

- Es häufen sich die Zeichen, dass bei unseren Älteren die Perspektive fehlt. Können wir einen Besuch riskieren? Wägen Risiken ab. Holen Sie nacheinander zu uns nach Hause, halbe Stunde durch den Garten mit Abstand und Maske. Hebt das Glücksgefühl für alle!
- Setzen wöchentlichen Einkaufstermin für Schwiegermutter auf. Übergabe per Maske am Fenster. Großes Hallo!
- Besuchen unsere Enkel – mit Abstand. Große Freude. Am Schluss bei der Verabschiedung der Zweijährige: „Du, Oma, darf ich nächstes Mal auch wieder zu dir rein?"
- Anruf aus der Schweiz: Baustellen sind nach wie vor alle offen, wir können weiterarbeiten. Grenzen werden auch wieder aufgemacht. Komme euch besuchen Mitte Juni!!!
- Home-Office läuft routinemäßig. Könnte man fast so lassen. Auch keine Probleme bei sozialen Kontakten. Kamera an, und es funktioniert. Grund ist: Man kennt sich, das soziale Gefüge ist gefestigt. Aber was machen neue Kollegen? Schwierige Situation … Man kann nicht mal schnell am Schreibtisch vorbeigehen für einen Plausch …
- Eigentlich für jemanden wie mich, der kurz vor dem Übergang in die passive Phase der Altersteilzeit steht, gar nicht so schlecht, etwas aus dem Vollgasmodus herauszukommen. Vermisse die Reisen ins Ausland und den Kontakt mit den Kollegen jetzt schon. Wird vermutlich nicht mehr klappen mit einer persönlichen Verabschiedung.
- Bislang sind in der Familie, im Bekannten- und Kollegenkreis alle gesund – hoffen wir, es bleibt so!

Aber ich bin schneller!

Jan und Lisa sind Eltern von Paulina (7), Leonie und Jonas. Sie haben in einem Telefongespräch von ihren Erlebnissen erzählt.

Als wir unserer großen Tochter Paulina, die ist in der ersten Klasse, am Freitag gesagt haben, dass sie jetzt erstmal fünf Wochen nicht in die Schule muss, da hat sie ganz cool gesagt: „Okay, alles klar!"

Am darauffolgenden Montag hat sie gefragt: „Papa, wie viele Wochen habe ich heute schon geschafft?" Da haben wir ihr leider sagen müssen: Nur den ersten Tag. Sie war todtraurig, dass sie ihre Lehrerin nicht mehr sehen konnte für so lange Zeit. Aber das hat sich dann innerhalb der ersten eineinhalb Tage gelegt. Es ist natürlich immer noch sehr schade, aber sie freut sich sehr, dass sie nächste Woche wieder in die Schule darf.

Wenn Paulina für die Schule gearbeitet hat, dann hat ihre kleine Schwester Leonie manchmal mitgemacht, zum Beispiel ein Blatt ausgemalt. Irgendwann kam dann eine Hausaufgabe von der Schule, man soll die Wiese entdecken. Dann haben wir gemeinsam einen Ausflug in die Wiese gemacht. Und Leonie, die hat auch in der Wiese was sammeln dürfen, hat also die Hausaufgaben der Großen mitgemacht. Und es ist ihr wichtig, dass dies in diesem Bericht von uns drinsteht. Wenn zum Beispiel jemand anruft und fragt, wie geht's denn Paulina mit den Hausaufgaben, dann sagt die Leonie immer gleich: „Aber mit mir gehen die Hausaufgaben auch gut!"

Ja, es gibt immer wieder schöne Begebenheiten: Als die Kinder einmal in den Garten wollten, hat Leonie gesagt: „Da müssen wir aufpassen, da ist der Virus ... aber ich bin schneller als der Virus!"

Paulina hat in den letzten Wochen Seilspringen und Trampolin gelernt. Und den Salto, das war vorher eher ein Purzelbaum. Leonie hat das Fahrradfahren mit einem großen Fahrrad gelernt, so dass wir jetzt mit den Kindern lange Radtouren machen können.

Ein lustiger, und wie wir finden, sehr guter Effekt der Coronazeit ist, dass sich alle Leute in der Siedlung Fahrräder kaufen. Familien, die sonst mit Radfahren nie etwas zu tun hatten, die haben jetzt plötzlich neue Fahrräder vor der Haustür stehen.

Es ist für uns fast unangenehm, dass wir mit der Situation so gut umgehen können. Ich bin Lehrer und darf ja auch nicht in die Schule gehen und arbeite meistens nachts. Für meine Frau als Mutter ist es in so einer Situation auch anstrengend, wenn ich einmal nicht da bin, und sie alle drei Kinder betreuen muss, mit Hausaufgaben anschauen und so. Dass man mal ungestört auf die Toilette kann, ist dann schon Luxus. Sie hat dann auch zu wenig Schlaf. Aber als Ausgleich kommt so viel Schönes von den Kindern zurück. Wir haben unsere Kinder auch gerne bei uns, weil wir das Familienleben als wichtig ansehen.

Wir sind aber auch nicht so, dass wir das immer nur negativ sehen und sagen, ach, das geht ja gar nicht. Wir sehen das von einer positiven Seite und sagen, da müssen wir durch. Die Rahmenbedingungen für uns sind aber so, dass es uns sehr gut geht. So können wir auch andere unterstützen. Wir bieten den Nachbarn an, dass wir mal was einkaufen, und versuchen denen zu helfen, die nicht so gut mit der Situation zurechtkommen.

Neue Nähe

Ute ist geschiedene Mutter von zwei erwachsenen Kindern.

Was mich während der Coronazeit sehr bewegt hat, war die Zeit mit meinem Sohn Luca. Luca ist zweiundzwanzig, geistig behindert, wohnt bei seinem Papa, arbeitet in der Küche in der Behindertenwerkstatt und ist ein sehr aktiver Mitarbeiter im Jugendzentrum Rabatz. Die Bühnentechnik ist sein Steckenpferd – sei es im Jugendzentrum oder auf Veranstaltungen bei uns im Ort – und dadurch ist er oft sehr beschäftigt. Es gibt Zeiten, da sehen wir uns eher selten – das ist durchaus okay, er ist ja nun schon erwachsen.

Und nun kam Corona und damit der Lockdown. Dadurch, dass er nicht mehr arbeiten durfte und auch nicht mehr ins Rabatz konnte, ist ihm alles weggebrochen, was in seinem Leben wichtig war. Also keine Arbeit mehr, keine Kontakte mehr ... überhaupt keinen Kontakt mehr zu all den Menschen, mit denen er sonst seine Zeit verbracht hat! Das hat ihn ganz schön runtergezogen. Ihn so zu sehen, war nicht einfach – und somit habe ich versucht das aufzufangen.

Wir haben sehr viel Zeit zusammen verbracht, haben an den Abenden gemeinsam etwas unternommen, mit ihm habe ich das Fahrradfahren wieder für mich entdeckt und er hat mich in meinen Mittagspausen besucht, um gemeinsam zu „frühstücken". Mit einem Wort: Wir sind wieder mehr zusammengerutscht. Das war für uns beide unheimlich schön, diese Nähe, die da entstand, soviel gemeinsame Zeit. Aber es war auch manchmal viel für mich: Denn ich habe den ganzen Tag von zu Hause aus gearbeitet, virtuell, Homeoffice. Und was ich vor allem bemerkt habe: Ich bin schon lange raus aus dem Alltag mit Kindern und Familie und kannte es gar nicht mehr, so wenig Zeit für mich zu haben. Irgendwie fühlte ich mich wieder zurückversetzt in die Zeit vor vielen Jahren, als die Kinder noch klein waren und viel Zeit in Anspruch genommen haben und man als Eltern rund um die Uhr belegt war.

Diese Wochen waren schon etwas Besonderes – in dem Sinne, dass ich es einfach schön fand, wieder so viel Nähe zu meinem mittlerweile erwachsenen Sohn Luca zu haben, so viel Begegnung, so viel Verstehen, so viele Gespräche. Unser Zusammensein hat mir und ihm sehr viel gegeben.

Zwei-, dreimal ist er richtig down gewesen. Da war es schwierig zu sehen, wie er leidet, so daneben zu stehen und zu wissen, mehr kann ich jetzt nicht tun. Aber ohne Corona wäre diese neu aufgelebte Nähe so nicht entstanden. Und auch der Prozess des sich wieder voneinander Entfernens, des Alltags, kündigt sich gerade an. Luca hat jetzt die erste Woche wieder gearbeitet. Wie das ist? Das ist ... gut!

Ich merke, dass sein Leben jetzt wieder seinen normaleren Gang geht und er wieder mehr Zeit für sich will und braucht. Und ich finde auch ganz normal, ihn wieder gehen zu lassen. Ich trauere dem nicht hinterher, sondern ich spüre noch so stark die positiven Seiten und kann mir durchaus vorstellen, dass ein bisschen was bleibt in dem Sinne, dass wir uns vielleicht wieder öfter sehen oder was gemeinsam unternehmen.

Warum ich diese Geschichte erzähle? Weil in dieser Zeit für mich auch ein kleines Geschenk steckte – ein kleines bisschen „wie damals", aber nun mit meinem erwachsenen Sohn.

Rausgelöscht

Anna hat zwei Töchter im Grundschulalter. Sie hat am Telefon erzählt, was sie in der Krise beschäftigt.

Definitiv bin ich keine Anhängerin von Verschwörungstheorien, aber ich bin den Nachrichten kritisch gegenüber, das war ich schon immer.

Wegen dieser App habe ich mich sehr viel informiert, klingt wie Big Brother. Dass man damit ständig und überall weiß, wo die Leute mit wem waren. Ich fühle mich damit nicht wohl. Ich hab mich dann auch eingelesen über die Anonymisierung von Daten. Und dass es eben diese Cyber-Gangster gibt, und wenn die an die Daten rankämen, wäre das wohl für die ganz einfach, eine De-Anonymisierung durchzuführen.

Ich sehe aber auch die andere Seite. Ja, es ist wichtig, dass man weiß, falls man mit jemandem Kontakt hatte, der Corona hat, damit man vielleicht auch seine Familienangehörigen schützen kann.

Und dann habe ich von der 96-jährigen Mutter einer Bekannten gehört, die hatte keine Symptome und war an Altersschwäche gestorben, im Altersheim einfach eingeschlafen. Und in deren Sterbeurkunde war als Todesursache ein C eingetragen. Da hat ihre Familie gefragt, was das denn solle. Dann hieß es, ja, das stehe für Covid-19 und wegen der Statistik müsse das so eingetragen werden. Und das ist dann wieder eine Seite, wo ich sage, krass, das geht ja gar nicht. Nur damit man im Nachhinein sagen kann, ja, wir mussten euch ja alle mit Lockdown einsperren, weil so viele an Corona gestorben sind. Das finde ich heftig.

Es gibt auch immer mal wieder Beiträge von Ärzten im Netz, die nicht dem zustimmen, wie die Regierung das handhabt. Diese Beiträge sind einen Tag im Netz und werden dann rausgelöscht. Das ist relativ häufig. Das sind dann auch wieder so Dinge, wo ich mir sage, was ist denn hier mit der Meinungsfreiheit? Ich finde es nicht gut, dass sich der Normalbürger kein eigenes Bild machen darf. Das heißt, die Sachen, die gegen die Regierung gehen, die darf man sich nicht einmal anschauen.

Montagabend

Louis ist 19 Jahre alt.

Bei mir ist Corona anders, denn ich bin Risikopatient.

Ich habe Leukämie.

Ein paar Tage nach meiner Chemotherapie bekam ich Fieber. Das ist bei Leukämie möglich. Papa rief trotzdem in der Klinik an. Ob ich noch andere Symptome hätte. Nein, aber mein Vater war beim Skifahren in Südtirol gewesen, das zwischenzeitlich zum Risikogebiet erklärt worden war. Der Arzt wollte dann doch einen Test machen. Ich habe gehofft, dass ich keine Corona habe. Hoffentlich nicht, das wäre der Super-GAU. Zuerst habe ich Leukämie und dann auch noch Corona!

Ich war ganz allein in einem Isolationszimmer. Alle kamen in grünen Anzügen, mit Mundschutz, Schutzbrille und Handschuhen, dreifach übereinander gezogen, und mit Überzügen über die Schuhe. Ich fühlte mich wie in einem Apokalypse-Film, wie in einem Film, in dem die Welt untergeht.

Jeden Tag wurde mir Blut abgenommen. Erstaunlich, wie viel Blut der Mensch hat. Das Fieber ging herunter. Deshalb glaubten die Ärzte nicht, dass ich Corona habe. Danach kamen alle ohne Schutzanzüge in mein Zimmer. Am Abend ging die Tür auf und es kam meine Ärztin von der Onkologie und noch ein Arzt und noch ein Arzt, beides Virologen. Hoffentlich kein Corona! Aber dann hat sie gesagt: doch!

Ich wurde auf die Corona-Station verlegt. Das Zimmer hatte ungefähr 9 m^2. Ich durfte den Raum nicht verlassen. Das Essen kam auf Plastiktellern. Alles, was ich angefasst hatte, kam in einen eigenen Mülleimer. Alle waren wieder angezogen wie in dem Zombiefilm.

Am Anfang hatte ich sehr große Angst, weil ich die Bilder aus Italien im Kopf hatte und diese Vorerkrankung, und dann war ich auch ganz allein, so dass ich mit niemanden reden konnte. Aber Gott sei Dank gibt es FaceTime, so konnte ich wenigstens mit meinen Eltern reden. Ich habe mich gefühlt wie damals, als ich die Krebsdiagnose bekommen habe. Es weiß ja keiner, wie es wird. Es kann gut werden, aber es kann auch schlecht werden. Und bis dahin gab es noch keine Berichte über Leute, die Corona mit einer Vorerkrankung überstanden hatten. Einer hat mir erzählt, dass es weltweit zwei Fälle in dieser Konstellation gegeben hat, und die sind beide gestorben. Noch mehr Angst.

Der Arzt von der Onkologie kam jeden Tag und redete mit mir. Als ich gesehen habe, dass die Ärzte nur mein Bestes wollen, habe ich Vertrauen gewonnen. Ich bin ruhiger und sicherer geworden.

Das Malariamittel haben sie mir auch eine Zeitlang gegeben. Die Medikamente lösen aber Herzkammerflimmern aus, deshalb wurde es wieder weggelassen. Dann haben sie immer wieder Blut abgenommen, denn ich hatte durch die Chemo überhaupt keine Abwehr. Nach einer Woche sind die Abwehrzellen stärker geworden. Der Arzt sagte mir, dass es so aussieht, als ob ich im Einklang mit dem Virus leben würde, denn es breitete sich nicht aus, obwohl ich keine Abwehr hatte.

In der Zeit, in der ich im Krankenhaus war, wurde auch der Rest meiner Familie getestet, mein Papa, meine Mama und meine drei Geschwister. Alle waren positiv. Die haben eigentlich nur ganz wenig gemerkt. Niemand durfte mich besuchen. Aber dadurch, dass alle positiv waren, ließ mich der Arzt wieder nach Hause, da ich ja niemanden anstecken und selbst auch nicht mehr angesteckt werden konnte. Sie haben mich in einem Spezialtransporter nach Hause gefahren: Ich musste Handschuhe anziehen und die Leute hatten alle Masken an. Drei bis vier Tage war ich zuhause. Der Arzt hatte mir gesagt, wenn ich wieder über 38 Grad Fieber bekomme, muss ich mich wieder melden. Und so kam es, ich musste wieder ins Krankenhaus. Dann war ich wieder zwei Wochen dort: wieder isoliert, dasselbe Zimmer, dieselben Leute. Wieder allein. Das fand ich schon sehr unfair, denn ich hatte mich ja gar nicht krank gefühlt.

In dieser Zeit kam der Aufruf der Uniklinik, dass sie nach Patienten suchen, die Covid-19 überwunden und Antikörper entwickelt hatten. Weil ich keine eigenen Antikörper entwickeln konnte, haben mir die Ärzte dreimal Antikörper gegeben in einer Infusion. Die sah so gelb, trüb aus, wie Orangensaft. Etwa nach einem Tag war der Husten komplett weg. Außerdem wurde jeden Tag ein Test gemacht, wie viele Viren noch vorkommen. Danach wieder nach Hause. Nach ein paar Tagen noch einmal zum Test. Immer noch positiv. Also musste ich eine Woche später wieder hin. Da kamen die Chefärzte der Onkologie und der Virologie und zwei Assistenzärzte. Es standen also vier Ärzte um mich herum. Sollte der Abstrich auch heute noch einmal positiv sein, dann überlegten sie sich, mir noch einmal die Abwehrkörper zu geben. Wieder positiv. Also musste ich wieder ins Krankenhaus, um noch einmal den „Orangensaft" zu bekommen. Während der Infusion saß immer ein Arzt neben meinem Bett und hat mich beobachtet, ob ich sie vertrage. Nach zwei Tagen durfte ich wieder nach Hause.

Mittlerweile war ich acht Wochen positiv. Ich hatte acht Wochen meine Freundin und meine Freunde nicht gesehen. Denn in der Zeit, in der ich positiv war, durfte ich ja nicht aus dem Haus und nicht auf die Straße gehen. Das ging schon an die Substanz und ich habe so gehofft, dass der nächste Test negativ ist.

Am Montagabend habe ich mir endlich mal ein Glas Wein gegönnt. Da hat das Telefon geklingelt. Ich wollte nicht hingehen. Mein Vater hat abgehoben. Der Chefarzt der Onkologie verkündete: negativ! Alle haben sich mit mir gefreut. Aber damit niemand übermütig wird, erinnerte der Arzt daran, dass ich am nächsten Tag wieder zum Test kommen muss. Auch der war negativ. Wir sind alle durch das Haus gesprungen und haben uns so gefreut. Das war ein emotionaler Ausbruch. Ich habe mich gefühlt, wie wenn Deutschland Fußballweltmeister geworden ist. Das war, wie wenn ich aus dem Gefängnis entlassen worden wäre. Endlich durfte ich wieder auf die Straße und wieder Freunde treffen.

Ich bin froh, dass ich das erlebt habe, denn dadurch, dass ich wieder gesund geworden bin, habe ich die Gewissheit, dass ich diese Krankheit auch mit meiner Vorerkrankung überwinden kann.

Gelassen und entspannt

Die Großeltern Michael und Heidi leben in Mittelfranken.

Unsere Sorgen fokussieren sich auf unser Alter.

Wir wissen derzeit noch nicht so richtig, wie wir nach Aufhebung aller Beschränkungen mit unserer wiedergewonnenen Freiheit umgehen sollen und können. Für unsere Altersgruppe ändert sich ja vorerst nichts. Das Virus bleibt, und eine sorgenfreie Beteiligung am Alltagsleben und im gesellschaftlichen Bereich wird nach wie vor nicht möglich sein. Es wird für uns eine neue Normalität geben, mit der wir uns irgendwie arrangieren müssen, ohne in den Status des gefürchteten „Weggesperrt-Werdens" zu geraten.

Aber wir sehen dem durchaus gelassen und entspannt entgegen, dies ist vielleicht auch ein spezielles Merkmal gerade unseres Alters.

Die Krise im Schrank

Alina ist Schülerin der 10. Klasse eines Gymnasiums.

Jetzt stehe ich hier im Schrank und zwar schon ganz schön lange!

Das ganze Drama begann am 13. März: Plötzlich stand ich nur noch rum und durfte nicht arbeiten, es war schrecklich!

Gut, ich muss zugeben, am Anfang habe ich mir nicht so viele Gedanken gemacht. Aber nach einer Woche ohne Arbeit begann ich schon sehr zu zweifeln. Dann passierte noch eine Woche nichts und dann nochmal eine Woche lang nur rumstehen und nichts tun.

Ich wusste jedoch, dass ich nach diesen drei Wochen zwei Wochen Urlaub habe, auch wenn ich den nun wirklich nicht gebraucht hätte. Deshalb stand ich halt weitere zwei Wochen rum.

Du kannst dir gar nicht vorstellen, wie sehr ich mich auf den Montag danach gefreut habe, weil dann musste es ja wohl endlich wieder losgehen. Doch dann passierte etwas Unglaubliches und Schreckliches: ICH WURDE EINFACH IN DEN SCHRANK GESTELLT!

In den Schrank!? Ich dachte mir verzweifelt, dass das doch nicht sein kann, denn dieses Ereignis kommt wirklich nur einmal im Jahr vor und das ist während meines langen Urlaubs, der sechs Wochen lang geht. Ich habe noch tausend Mal nachgerechnet, aber es war wirklich noch nicht an der Zeit für diesen Urlaub! Ich verstand die Welt nicht mehr.

Und nun? Nun stehe ich seit fast acht Wochen immer noch im Schrank. Die ständige Dunkelheit nervt, außerdem bin ich ganz allein. Ich habe schon all meine Hoffnungen aufgegeben.

Gerade hätte ich zwar sowieso Urlaub, aber ob es danach wieder losgeht? Ich weiß es nicht, aber ein bisschen hoffe ich es immer noch.

Bitte erhört mich und gebt mir endlich meinen Job zurück!

Viele Grüße, die Schultasche

In der Warteschlange

Manuela lebt mit ihrer Familie in Oberfranken.

Was mir auf alle Fälle während dieser Krise sehr gut tut, ist das Homeoffice: Ich konnte die Arbeit noch nie so gut in meinen Alltag integrieren wie jetzt.

Während dieser Zeit waren auch meine beiden erwachsenen Söhne zuhause. Bei meinem Mann wurde ein Zwei-Schicht-System eingeführt. Somit waren zur Mittagszeit „meine Männer" alle da, und wir konnten immer gemeinsam essen. Das hatten wir so noch nie!

Der Tag bekam auf einmal viel mehr Entfaltungsmöglichkeiten, ich bin viel produktiver und ich nutze die Zeit viel intensiver. Zu den normalen Bürozeiten bin ich oft abgehetzt nach Hause gekommen, habe auf dem Heimweg noch eingekauft, schnell was gekocht und dann war es so schwer, mich nochmal für andere Aktivitäten aufzuraffen. Früher wäre ich niemals am Nachmittag nochmal in die Stadt gefahren. Meine Besprechungen im Büro lagen örtlich oft weit voneinander entfernt, und man ist von einem Besprechungszimmer zum nächsten gerannt. Nun hebe ich mir den Sport für meine Freizeit auf! So wurde negativer Stress in positiven umgewandelt.

Rückblickend erinnere ich mich nur an die positiven Eindrücke, die diese Krise bisher bei mir hinterlassen hat. Aber ich habe durch das Virus niemanden verloren. Lediglich ein paar Bekannte waren daran erkrankt und diese sind – Gott sei Dank – wieder genesen.

Was mir noch aufgefallen ist: Wir haben endlich gelernt, uns in einer Warteschlange anständig anzustellen. Keiner kommt mir mehr so nahe, dass ich mich bedrängt fühle.

Bilder können sprechen

Thomas ist Kunsthändler und lebt in Norddeutschland.

Die Coronakrise überlagert zurzeit alles, jedes Treffen, jedes Gespräch. Es fällt schwer, die innere Ruhe zu behalten und sich nicht hinunterziehen zu lassen.

Und dann erleben wir beim Betrachten von Kunst, was es zu sehen gibt, Details, die wir übersehen haben. Es entsteht ein positiver Einfluss auf unsere Gemütslage. Die Meisterschaft eines Zeichners, die erfassten Stimmungen und die damit verbundene Ausstrahlung der einzelnen Werke. Die Beziehungen zwischen den Menschen, der eingefangene Charakter des im Portrait Dargestellten. Familien, Liebespaare, die menschenleere Landschaft und ihre Atmosphäre – oder das zerfetzte Gesicht, das der Künstler der Klassischen Moderne dem Zeitstil entsprechend geschaffen hat.

Wir merken, dass Bilder zu uns sprechen können, unberührt von der Pandemie. Die Kunst ist ein kurzweiliger Weg, sich von den Gedanken der Krise in die kleine Nische positiver Empfindungen zu begeben, die von den Bildern geweckt werden und uns erhalten bleiben.

Auch mal ausgeflippt

Simone ist alleinerziehende Mutter ihres 10-jährigen Sohnes. Ihre Eindrücke hat sie in einem Telefongespräch geschildert.

Bei mir ist es so, dass ich schon relativ früh Unruhe und Angst empfunden habe, wie es so weitergeht. Ich habe meine Stimmung in den ersten Wochen sehr stark von den Medien beeinflussen lassen. Was ich jetzt zum Beispiel gar nicht mehr mache, dass ich am Abend ständig irgendwelche Fernsehsendungen anschaue, wo es nur um Corona-Themen geht. Da habe ich gemerkt, wie sehr die Medien mich vielleicht sogar ein Stück weit manipuliert haben. Das hat den Tag und die Träume schon sehr beeinflusst, dass es wochenlang nur ein Thema gab und vor allem ein Thema, das sehr, sehr bedrohlich war.

Dann war's auch so, dass ich das Homeoffice zusammen mit dem Homeschooling stemmen musste, und das hat mich, gerade am Anfang, wo das mit der Schule oder auch bei uns in der Arbeit noch ziemlich chaotisch lief, das hat mich streckenweise schon an meine Grenzen gebracht. Ich bin ein großer Yoga-Fan und habe über Skype mit meiner Lehrerin auch weiterhin Yoga machen können, das war mein Ausgleich, um Ruhe zu finden. Gerade in dieser extremen Phase habe ich gemerkt, wie dringend ich das brauche und wie gut es mir tut.

Dabei habe ich auch noch mehr die neuen Medien zu schätzen gelernt. Dass es sehr wohl geht, auch weiterhin miteinander zu kommunizieren und auch am Leben teilhaben zu können und dass dadurch die Vereinsamung abgemildert werden kann.

Ich muss auch offen zugeben, dass ich in manchen Situationen mit meinem Sohn ausgeflippt bin und überfordert war. Aber wenn man danach darüber redet, kann er nachvollziehen, warum mir das passiert ist. Wir haben uns beide auf eine neue Weise kennengelernt. Es war ja auch intensiver, weil wir die ganze Zeit zusammen waren und kaum Pausen voneinander hatten, sondern immer mehr oder weniger aufeinander geklebt sind.

Es gibt auch positive Dinge, die wir hoffentlich aus der Krise ziehen werden: Dass wir unser Weltbild wieder ein bisschen zurechtrücken zum Beispiel. Ich befürchte allerdings, dass, wenn wir wieder im Alltagstrott sind und Corona weg ist, dann alles relativ schnell wieder in Vergessenheit gerät.

Politisch gesehen bin ich bisher kein CSU-Mensch gewesen, werde ich wahrscheinlich auch zukünftig nicht sein, aber wer definitiv von mir einige Pluspunkte bekommen hat, ist der Herr Söder mit seiner Regierung. Die finde ich sehr souverän und professionell, menschlich und vertrauenswürdig, da fühle ich mich sehr gut aufgehoben. Was die Unausgeglichenheit der Länder betrifft, ärgert es mich, macht es mich wütend, weil ich gar nicht mehr weiß, was darf ich jetzt eigentlich und was nicht, oder habe ich das von einem anderen Bundesland gehört. Ich meine, die offene Diskussion finde ich gut und wichtig, aber gerade das uneinheitliche Vorgehen in so einer Krisensituation, das finde ich störend.

Was ich im Augenblick sehr bedauerlich finde, sind die Gegendemonstrationen, also auch, dass die Rechten das nutzen oder dass es sogar Leute gibt, die in Frage stellen, dass es Corona überhaupt gibt. Ich kann nicht nachvollziehen, dass es Menschen gibt, die so fernab der Realität sind.

Ich finde auch sehr schade, dass jetzt die Leute sagen, ach, wer weiß, ob das denn alles so notwendig war, diese Beschränkungen. Aber im Nachhinein schlaue Sprüche zu machen, ist immer einfach. Ich glaube trotzdem, dass wir mit einem nur leicht blauen Auge davongekommen sind.

Das Wischding

Karin ist kürzlich zum ersten Mal Großtante geworden.

„Ich habe jetzt ein Tablet und kann Fotos meiner neugeborenen Urenkelin Frieda sehen", sagt die fast 90-Jährige zu ihrer 350 km entfernt wohnenden Schulfreundin, mit der sie regelmäßig telefoniert. Und dann, stolz: „Ich kann auch Nachrichten schreiben mit dem Tablet und sie können mich anrufen und ich kann sie sehen."

„Was?", staunt die Freundin, „das konnte ich nie, aber jetzt ist es ja sowieso schwarz. Muss warten, bis meine Kinder das wieder richten."

„Am Abend kommt der nette Pfleger vorbei und den bitte ich immer, das wieder zu richten, wenn ich was falsch gemacht habe. Der drückt zweimal drauf und dann geht es wieder."

So hat mir meine Mutter ihr Fachgespräch lachend bei meinem wöchentlichen 30-Minuten-Besuch im Seniorenheim geschildert. Zwei betagte Damen, die sich fachgerecht über die neueste Technik austauschen.

Meine Mutter hatte in den Siebzigerjahren im Beruf allererste zaghafte Berührungen mit den damaligen Terminals, daraus wurde aber nie eine echte Leidenschaft. Auch im späteren aktiven Rentnerdasein praktizierten meine Eltern eher ein distanziertes bis ablehnendes Verhältnis zu den neuen digitalen Helfern. Fasziniert und begeistert von den Möglichkeiten, das waren sie schon immer. „Schau mal in deinem Wischkasten nach ...": Meistens waren es Wissensfragen, die sie geklärt haben wollten. Dabei war meine Mutter viele Jahre hin- und hergerissen, ob sie nicht doch auch so einen „Wischkasten" haben wollte, ermöglicht er doch, so viele neue Dinge zu entdecken und völlig neue Kommunikation mit der Familie. Aber als sehr ungeduldiger Mensch und aus Bedenken heraus, dass das alles zu aufregend wäre, verwarf sie den Gedanken immer wieder. „Nein, das ist nichts für mich. Dann schlafe ich nachts nicht mehr vor lauter Aufregung", sagte sie entschieden.

Und nun Corona, Lockdown, keine Besuche im Seniorenheim, Kontakt nur noch per Telefon. Und das ausgerechnet kurz vor der Geburt ihres ersten Urenkels! Meine tapfere Mutter versteht und befürwortet die Maßnahmen rund um Corona ausdrücklich, aber traurig machte es sie schon, genoss sie doch die vielen regelmäßigen Besuche der Familie sehr.

Krisen zwingen dazu, neu zu denken und Entscheidungen zu treffen. Sich an Neues heranzuwagen, es auszuprobieren. Auch das Risiko des Scheiterns einzugehen: Meine Mutter bekam ein *Senioren-Tablet*. Ungefragt. Zum Ausprobieren. „Denkst du, ich kann das?" – „Das ist für Senioren gemacht und wir haben sehr gute Erfahrungen damit auch bei Anfängern im fortgeschrittenen Alter", zitierte ich die freundliche Kundendienst-Dame des Anbieters.

Euphorische Freude wechselt sich nun täglich mit Frust ab, Neugier und Ausprobieren mit Enttäuschung und Verzweiflung. „Ich hab mich geärgert, hab das Ding schlafen gelegt."

Der freundliche Pfleger ist jetzt ihr absoluter Vertrauter in Sachen Tablet. „Marco zeigt mir das schon, der macht das", sagt sie ganz überzeugt. „Und wenn es nicht funktioniert, warte ich, bis Marco kommt."

Täglich erhält sie von der gesamten Familie Bilder. Die kleine Urenkelin Frieda ist nun schon drei Wochen alt. „Ihre großen braunen Augen leisten mir Gesellschaft beim Frühstück. Ich kann da auch so eine Diaschau einrichten, dann kommen alle Bilder nacheinander." Sie schreibt auch Nachrichten: „mirgehtesauchgutbussimama", weil sie nicht wusste, wo die Leertaste zu finden ist. Auch das und noch viel mehr hat sie in wenigen Tagen gelernt.

Hatte sie bisher pro Woche regelmäßig die Tageszeitung und mindestens ein Buch gelesen sowie ein Paar Socken gestrickt, so hat sie jetzt viel weniger Zeit, weil „das mit dem Tablet alles so aufregend ist." Sie wagt sich täglich an weitere Möglichkeiten heran und entdeckt laufend Neues. Wenn sie darüber spricht, hellwach und mit leuchtenden Augen, sieht man ihr die Freude förmlich an und den Stolz, dass sie das alles so gut hinbekommt. Stolz kann sie auch wirklich sein. Denn sie zeigt, wie wichtig Neugier in jedem Alter ist und welche Glücksgefühle möglich sind, wenn man stets wissbegierig und offen bleibt.

Corona sei Dank. In jeder Krise stecken auch Chancen. Bleibt gesund und neugierig!

Ins Koma

Elise ist 13 Jahre alt und geht auf eine Realschule.

Das lebensbedrohliche Corona
legt die Schule ins Koma.

Es klopft auch an Elises Tür an,
doch es hat ihr nichts angetan.

Doch die Viren
gehen ihr trotzdem an die Nieren.

Jetzt lernt sie wie ihre Schwester zuhause,
ganz ohne Pause.

Es ist ein täglicher Kampf zwischen den beiden,
doch das ist auf engem Raum nicht zu vermeiden.

Wie Tiger und Löwe brüllen sie sich an
und haben sich mit Worten wehgetan.

Mutter und Vater bekommen die Krise
und schreien „Hört endlich auf, Amelie und Elise."

Sogar der Coole

Lux ist Schüler der 7. Klasse einer Realschule.

Unterricht zu Haus,
Eltern rasten aus.

Wer hätte das gedacht, wir freuen uns alle auf die Schule,
jedes Kind, sogar der Coole.

Der Glaube an Gott

Sara ist Mutter dreier Kinder und lebt mit ihrer Familie im Erzgebirge.

Nach den ersten Wochen, die geprägt waren von Streitereien zwischen unseren drei Mädchen und dem Finden eines neuen Tagesablaufs, haben wir uns als Familie intensiver wahrnehmen und auf die Bedürfnisse eines jeden Familienmitglieds besser eingehen können als im gewöhnlichen Alltag. Man hat sich neu kennen und lieben gelernt.

Am Anfang sind uns die freien Wochenenden besonders aufgefallen. Man hatte keinen Druck, jemanden besuchen zu müssen. Das war zuerst ziemlich schön. Nun sind wir aber über die Lockerungen sehr froh. Oma und Opa wurden von den Kindern sehr vermisst.

Der 5-Jährigen hat man angemerkt, dass ihr die Gleichaltrigen gefehlt haben und die geführte Beschäftigung. Sie hat oft gefragt, ob wir was basteln oder zusammen spielen, und ihr war oft langweilig. Ich sehe dies aber auch als Lebensschule. Langeweile macht kreativ. Unsere Große (zehn Jahre alt) hat manchmal auf den Shutdown geschimpft. Sie fand die Maßnahmen übertrieben und hat den Gesprächen zwischen mir und meinem Mann aufmerksam gelauscht. Sie war ebenso unsicher wie wir, was das jetzt alles soll.

Ganz besonders gut tut uns der Glaube an Gott. Er gibt uns Halt und Kraft in solchen Situationen, die das Leben bedrohen. Wir wissen, dass der Tod zum Leben dazu gehört, und glauben an ein Leben nach dem Tod in der Gemeinschaft mit Gott, unserem Schöpfer und Vater. Diese Gewissheit hilft uns über die Angst vor dem Ungewissen, dem Tod, hinweg. Ebenso ist uns bewusst, dass jeder Tag, an dem wir leben können, ein Geschenk Gottes ist und das Leben jederzeit zu Ende sein kann, sei es durch Unfall oder Krankheit, und wir es nicht in der Hand haben, wann der Tod uns ereilt. Darum hat Corona diese alltägliche Gewissheit nicht berührt.

Corona – ein Segen

Nele ist 19 Jahre alt und studiert Informatik in Lübeck.

Ich bin chronisch erkrankt – an Reisefieber. Ich liebe es, Neues auszuprobieren, ich will ständig Menschen um mich herumhaben und bin immer versucht, nichts zu verpassen.

Doch dann gab es plötzlich nichts mehr zu verpassen.

Davor war es rundgegangen: Klausuren, Hochzeitsbesuch in England, London, dann mit dem Flugzeug zu meinen Eltern, am nächsten Tag wieder nach Lübeck, Umzug von der WG in ein Einzelappartement, dann Skifahren in Tirol und Besuch bei der Großcousine am Bodensee.

Tirol? – Zwei Wochen Quarantäne!

Aber ich fuhr trotzdem noch Zug, wieder zu meinen Eltern, traf trotzdem noch ein paar Freunde und ging trotzdem noch einkaufen. Dann wieder nach Lübeck. Neues Zimmer einrichten, Bilder aufhängen, Flecken an der Wand übermalen, Vorhänge aufhängen, Schränke einräumen, Tisch einölen, Lichterketten anbringen, Pflanzen umtopfen ... Vieles davon hätte ich lange aufgeschoben, wenn ich es überhaupt bis heute erledigt hätte. Aber ich wusste, dass ich Unmengen an Zeit habe. Mein Zimmer ist jetzt mein kleines, wenn auch immer mal wieder unordentliches Königreich. Wer weiß, ob es ohne Corona so schön geworden wäre.

Ich war jeden Tag draußen, hatte Zeit zu schreiben. Ich habe endlich mal in die ganzen Künstler reinhören können, von denen ich mir Titel oder nur den Namen notiert hatte. Ich ging täglich joggen und hörte dabei Hörbücher. Ich probierte viele neue Gerichte aus. Ich löste über WhatsApp stundenlang mit einer Freundin ihre Mathe-Hausaufgaben, telefonierte viel, traf mich mit einem Freund, mit dem ich mich schon seit Monaten mal treffen wollte.

Und wenn ich mal einen Moment nichts zu tun hatte, fiel mir sofort etwas Neues ein, und zwar nichts, was ich tun *musste*, nichts von einer langen Liste an Dingen, die es noch unterzubringen galt – sondern etwas, das ich tun *wollte*. Ich war so entspannt wie zuletzt in den Wochen vor dem Studium, habe mich trotz der Beschränkungen so frei gefühlt und so ausgeglichen wie nie zuvor.

Als nach ein paar Tagen auch mein bester Freund vom Besuch bei seiner Familie zurückkam, gingen wir oft mehrmals täglich ausgiebig spazieren, kochten und aßen gemeinsam, fuhren mit dem Fahrrad ans Meer, führten einen Mühle-Krieg, und er brachte mir das Gitarrespielen bei … und irgendwie hat es nicht lang gedauert, bis aus ihm mehr als nur mein bester Freund wurde. Vor allem zu Beginn habe ich mich immer wieder gefragt, wie diese Beziehung wohl verlaufen wäre, wenn wir am Anfang nicht alle Zeit der Welt füreinander gehabt hätten, wenn ich das mit Alltagsstress und dem Treffen mit anderen Freunden hätte vereinbaren müssen, wenn ich vielleicht gar nicht den Kopf gehabt hätte, mich richtig darauf einzulassen. So haben wir uns drei Monate lang fast täglich gesehen – und es wird immer schöner.

Ich weiß, das ist vielleicht etwas, was man nicht sagen sollte: Aber für mich war Corona ein Segen.

Nun werden nach und nach die Beschränkungen wieder aufgehoben. Ich bereite mich intensiv auf die Prüfungen vor, finde wieder fast keine Zeit mehr für Sport und esse hauptsächlich schnelle Gerichte. Wenn mich eine Freundin anschreibt, wie es mir geht, erkläre ich ihr, dass ich dabei bin, meinen Kopf zu verlieren.

Aus den letzten Monaten habe ich mitgenommen, dass es anders geht. Dass es entspannter geht. Dass ich auch außerhalb der Semesterferien entspannt sein kann, dass ich nicht immer auf Zack und auf Reisen quer durch Europa sein *muss*, um ausgeglichen zu sein. Was nicht heißt, dass mein Reisefieber durch Corona komplett geheilt wurde.

Und jetzt beginne ich zu lernen, wie ich das im Alltag umsetzen kann. Hoffentlich bald komplett ohne Beschränkungen. Ohne Corona.

Wie konnte es passieren?

Von Annette haben wir schon auf Seite 80 über ihre steile Lernkurve zu Beginn der Coronakrise erfahren.

Wie konnte es passieren, dass wir so unvorbereitet waren? Mich erinnert das daran, wie wir 2015 in die Flüchtlingskrise gestolpert sind. Die Hilfesuchenden fielen damals ja auch nicht vom Himmel.

Wie konnte es passieren, dass die Gesundheitssysteme so vieler hochentwickelter Länder dermaßen marode sind? Mein Patenkind stand als Chirurgin und Notärztin in Saarbrücken in vorderster Front und behandelte wochenlang todkranke französische Patienten. Ob diese unbezahlbare Hilfe an Franzosen und Italienern an deutschen Kliniken die schlechte Stimmung in deren Ländern gegenüber den Deutschen ein wenig lindern hilft? Ich bin skeptisch.

Wie konnte es passieren, dass der Chef des RKI und etliche Virologen so lange behaupteten, Schutzmasken seien unnötig? In Asien muss man über die Dummheit der westlichen Länder den Kopf geschüttelt haben. Ein führender Arzt aus China soll gesagt haben: „Das Tragen von Masken zur Infektionsverhütung von Covid-19 ist keine Frage der Kultur, sondern der Intelligenz."

Die Rede

Hannah geht in die 11. Klasse eines Gymnasiums.

Ladies and Gentlemen,
bei einigen von Ihnen muss ich mich aufrichtig entschuldigen!

Niemals hatte ich vor, die Schwächsten der Schwachen und Unschuldigsten der Unschuldigen zu treffen. Nein, das hatte ich wirklich nicht vor. Daher tut es mir leid für all die Seelen, die gehen mussten, obwohl sie es am wenigsten verdient haben.

Jetzt fragt ihr euch sicher, warum entschuldigt sich dieses blöde Dings? Es hätte doch gar nicht kommen müssen.

Ach, hätte ich nicht? Ich verrate euch, warum und für wen ich gekommen bin und warum ich kommen MUSSTE. Werft dafür mal einen Blick auf unseren wunderbaren Planeten mit seiner unglaublichen Artenvielfalt und Schönheit. Wunderschön, nicht wahr? So einzigartig und erstaunlich.

Jetzt werft aber auch mal ein Blick auf die aussterbenden Arten, die schmelzenden Pole und die zerstörte Natur. Habt ihr eine Idee, wie es so weit kommen konnte? Dass aus einem einmaligen Ökosystem wie dem Regenwald gerodetes Brachland wurde, aus einer blühenden Unterwasserwelt ein Skelett aus toten Wesen und aus den größten Savannen die trockensten Wüsten? Ich habe nicht lange überlegen müssen. Ich habe die Gier und die Verschwendung gesehen. Ich habe gesehen, wie ihr Leben weggeworfen habt, weil es für euch nichts wert war. Ich habe gesehen, wie ihr die Daseinsbedingungen aller Lebewesen radikal verschlechtert habt, nur damit die der Menschen gehoben werden konnten. Nein, nicht aller Menschen, nur der Reichen, versteht sich. Sie sind so beschäftigt, noch ein Auto, noch ein Haus und noch mehr exotische Dinge um sich herum anzuhäufen, dass die kleinen Armen auf ihrer Prioritätenliste hinten runterfallen.

Daher MUSSTE ich etwas tun, ein Zeichen setzen. Dafür sorgen, dass die übermäßige Menschenpopulation etwas zurückgeht, damit wieder Platz für anderes Leben ist. Viele von euch mussten sterben, damit andere wieder leben können. Grausam, oder? Aber es ist nicht viel anders als das, was IHR die ganze Zeit getan habt.

Wozu holzt ihr den Regenwald ab? Damit ihr Platz habt, um dort zu leben und Nahrungsmittel anzubauen. Wozu fischt ihr die Meere leer? Damit ihr leben könnt. Ihr vernichtet Land um Land, plündert die Meere, damit es euch besser geht. Ihr hinterlasst eine Spur der Zerstörung und des Todes.

Genau wie ich.

Nur das IHR diesmal die Gelackmeierten seid. Und das passt euch nicht. Ihr seid ja die Krone der Schöpfung. Aber was ist eine Krone wert ohne Untertanen. Wie kommt ein König zu seinem Reichtum? Genau, durch seine Untertanen. Ohne den Rest der Welt wärt ihr GAR NICHTS, hättet nichts, nicht mal eine Lebensgrundlage. Aber genau diese Untertanen habt ihr mit Füßen getreten, habt alle Energie aus ihnen gezogen und Leben um Leben ausgelöscht. Euch selber mit geschlossenen Augen, von Reichtum träumend, immer weiter auf den Abgrund zugeschoben. Hättet ihr nicht den Rest des Erdballs mit euch gerissen, hätte ich nicht eingegriffen.

Noch mehr ahnungslosen, herzensguten Geschöpfen beim Sterben zusehen? Nein. Euch alle sterben lassen? Nein. Seht es als eure zweite und vermutlich letzte Chance. Schaut genau hin, wie sich die Umwelt von euch erholt hat, als ihr lahmgelegt wart. Wie Leben wieder dort gesprossen ist, wo lange kein Leben mehr war. Wie die Luft sich erholt hat und die Emissionen drastisch gesenkt wurden. Kehrt das bitte nicht einfach weg. Seht das Wunder dahinter und die Möglichkeit, alles in eine andere Richtung zu kippen. Rettet euch und den Planeten. Ignoriert das Geschehene nicht. Macht was daraus. Sorgt dafür, dass ich nicht umsonst da war.

Schätzt das Leben!

Die Nadel im Heuhaufen

Robert arbeitet als Verfahrensingenieur in Erlangen. Mit einer längeren Fassung seines Beitrags hatte er zuvor an einem Kurzgeschichtenwettbewerb teilgenommen.

Die Corona-Kontaktbeschränkung begann für mich mit einem hektischen Telefonat im Zug. Ich kam gerade von einem Seminar zurück, wo ich vier Tage in einem Funkloch verbracht hatte. Meine Partnerin ist Österreicherin und lebt in Wien. In einem zusammengewachsenen Europa merkt man das nur am Dialekt. Am 15.03. wurde jedoch beschlossen, mit Ablauf des Tages die Grenze zum Nachbarn auf unbestimmte Zeit zu schließen.

„Ja, also was ist jetzt, was machen wir? In acht Stunden machen sie die Grenze dicht. Wenn ich sofort in Wien in den Zug steige, könnte ich es noch zu dir schaffen."

„Halten wir das noch für eine gute Idee?"

„Weiß nicht. Was, wenn sie die Grenzen nicht mehr aufmachen? Wie lange bin ich dann weg? Kannst du nicht zu mir nach Wien kommen?"

„Hmm", zögerte ich, „das wäre jetzt schon knapp. Ich müsste quasi im Zug sitzen bleiben und direkt durchfahren. Ich weiß auch nicht, wie das mit der Arbeit gehen könnte."

„Werden wir im Lockdown überhaupt noch zur Arbeit gehen?"

„Keine Ahnung. Was ist, wenn jemand aus meiner Familie ernsthaft erkrankt und ich darf dann nicht mehr einreisen? Das belastet mich."

„Um meine Familie mache ich mir da nicht so viele Sorgen", meinte sie. „Die sind alle noch jung. Aber wie wäre denn meine Situation, wenn ich bei dir in Deutschland krank werde? Werde ich in einem deutschen Krankenhaus genauso gut behandelt, wenn euer System komplett überfordert ist?"

„Du, … ich denke schon, aber genau weiß ich es auch nicht."

Sie überlegte. „Irgendwie schwer."

„Was machen wir jetzt?“

„Klingt so, als würde doch jeder in seinem Land bleiben. Da hat einfach jeder mehr Optionen. Vielleicht geht es ja nicht so lange.“

„Wer weiß. Aber ja, ich fühle mich bei mir wohler.“

„Ok, dann machen wir es so“, schloss sie. „Jeder bei sich und wir telefonieren. Das sind wir doch gewohnt.“

Die verbleibenden Kilometer starrte ich aus dem Fenster, ohne etwas zu fokussieren. Die Landschaft zog vorbei. War das jetzt ein Zeichen für unsere Beziehung? In Zeiten der Belastung wählten wir die Entfernung und nicht das Zusammensein. Ich fühlte mich an diesen Film erinnert, der damit beginnt, dass eine Lawine eine Hüttenterrasse überrollt und ein Mann sich in Sicherheit bringt, ohne an seine Frau und die Kinder zu denken, und sich daraus das Drama der Beziehung entspinnt. War das vergleichbar? Hatten wir uns auch so aus den Augen verloren? Oder war die Situation eine andere? Immerhin leben wir an unterschiedlichen Orten. Ich wischte die Gedanken beiseite und schaute mich um: unbeschwerte Mitreisende. Niemand schien sich ähnliche Gedanken zu machen. Noch nicht.

Irgendwie hatte dieses Corona aber auch seine guten Seiten, wie ich im Laufe der Zeit erkannte. Ich telefonierte viel häufiger mit meiner Partnerin. Sonst hatten wir höchstens jeden zweiten Tag miteinander gesprochen, meist auch nur spät abends. Seit der räumlichen Trennung sahen wir uns beinahe täglich im Videotelefonat. Unser Kontakt war intensiver, gemeinsames Frühstück, quatschen in der Mittagspause, das wäre schon vorher genauso möglich gewesen, aber erst die Krise brachte uns dazu, an solche Zweisamkeit zu denken und sie auch umzusetzen. Die Krise als kreativer Motor? Nicht umsonst heißt es ja „Not macht erfinderisch“.

„Aber wie soll das nun weitergehen?“, fragten wir uns, nachdem wir schon in die sechste Woche der unfreiwilligen Trennung gingen. Verbesserungen waren nicht abzusehen.

Eine österreichische Zeitung war es schließlich, die am 16.04. titelte: „Neue Ausnahmebestimmungen für die Einreise nach Österreich“.

Hoffnung für uns? Es stand zu lesen, dass der Besuch von Lebenspartnern nun als besonderer familiärer Grund gelte – aus österreichischer Perspektive – und damit die Einreise auch ohne aktuelles Covid-19-Testergebnis möglich sei. Die Beziehung müsse nur „den Grenzbeamten bei der Einreise glaubhaft gemacht werden".

„Liebling, wie soll das denn bitte gehen?", fragte ich beim nächsten Telefonat. – „Vielleicht reicht es, wenn du Bilder auf dem Handy von mir zeigst", meinte sie scherzhaft.

Wie kann ein österreichisches Ministerium denn so eine unklare Aussage veröffentlichen? Offen war auch noch die Frage, wie denn die deutsche Seite mit Beziehungsreisenden umgehen würde. Durfte man überhaupt ausreisen? Oder ließ man sich durch diese nicht notwendige Reise eine Ordnungswidrigkeit zuschulden kommen?

Also recherchieren …

Endlich: Die *Verordnung über Quarantänemaßnahmen für Einreisende zur Bekämpfung des Coronavirus (Einreise-Quarantäneverordnung – EQV)*, veröffentlicht im *Bayerischen Ministerialblatt (BayMBl.) 2020 Nr. 192*, war die Nadel im Heuhaufen.

Hierin war zu lesen, dass bei der Rückreise von Beziehungspartnern aus dem angrenzenden Ausland keine Meldung bei den Gesundheitsbehörden und keine Quarantäne erforderlich seien. Volltreffer! – Doch was war das?! Am Ende der Verordnung stand, dass sie seit dem 09.04. in Kraft war, aber am 19.04., also heute, ihre Gültigkeit verlor! Seit zehn Tagen gab es diese Erleichterung und nirgends wurde darauf hingewiesen? Aber warum auch, ist doch klar, dass man immer mal wieder den bayerischen Verordnungsserver durchforstet, um zu sehen, was es so Neues im Freistaat gibt …

Doch so einfach ließ ich mich nicht abspeisen. In der *2. Bayerischen Infektionsschutzmaßnahmenverordnung* wurde ich schließlich fündig. In § 9 war zu lesen, dass das Datum 19.04. in der EQV in den 3. Mai geändert wurde. Jubel!

Das Ticket war schnell gebucht, ausreichend Masken gesammelt und zur Sicherheit sämtliche Verordnungen beider Länder im Gepäck und mit

Textmarker markiert. 15 Seiten. Aber kannte die Grenzpolizei auch diese Verordnungen? Würden sie sich auf eine Diskussion einlassen? Fuhren überhaupt noch Züge im regulären Takt? Alles Unsicherheiten, die mich an jenem Tag Ende April begleiteten, als ich meine Maske aufsetzte und mich auf den Weg machte. Dank Corona kann ich jetzt auch unter der Woche fahren, von wo ich schließlich mein Homeoffice mache, ist ja einerlei, dachte ich mir.

Und in der Tat, nach vielen Monaten der Wochenendfernbeziehung brachten die Beschränkungen der Pandemiebekämpfung eine neue Freiheit. Nicht nur die Wahl des Reisetages, sondern auch die Wahl des Sitzplatzes im Zug standen mir frei. Trotzdem war ich überrascht, wie viele Menschen an den Bahnhöfen waren. Nach 40 Tagen, die ich ausschließlich in meiner Nachbarschaft verbracht hatte, war mir gar nicht bewusst, dass andere Leute noch pendeln mussten.

Regensburg, Plattling, Passau, und schon kam die Durchsage, dass die Landesgrenze näher rückte und es zu Kontrollen kommen werde. Nervös schrieb ich noch schnell ein paar Nachrichten und las die Glückwünsche von Freunden, die mein Unterfangen kannten. Der Ausweis lag bereit und die Papiere waren in Griffnähe, aber nicht im Vordergrund.

„Grenzkontrolle, Ausweis bitte", sagte der junge Mann in österreichischer Uniform freundlich, aber bestimmt. Er steckte ihn in sein Lesegerät, gab ihn zurück, und wenige Sekunden später war der Beamte wieder verschwunden.

Ich wunderte mich. Keine Fragen, keine Erklärungen, nur den Ausweis und das war es? Entspannung breitete sich in mir aus. In wenigen Stunden würde ich ankommen, dann noch in die U-Bahn umsteigen und schließlich die letzten Meter zu Fuß gehen.

Da stand ich nun also vor ihrer Tür. Wie schon so oft, aber es fühlte sich anders an, fremd und vertraut, sehnsuchtsvoll und distanziert, aufgeregt und in sich ruhend. Welche Klingel war es nochmal? Der bekannte Summton ertönte und die Tür sprang auf. Noch einige Stufen und dann sah ich im dunklen Flur ein warmes Licht aus dem Spalt ihrer offenen Türe die Dämmerung erhellen. Ich schob die Tür auf und da stand sie im Raum, blickte mich an, lächelte unsicher. „Hey, da bin ich.“

Sie machte einen Schritt auf mich zu und schloss mich in die Arme, erst tastend, dann bestimmt.

Ende der Kontaktbeschränkung.

NachGedanken

Distanz und Nähe.

Vielleicht ist es gelungen, aus den gesammelten Mosaiksteinen beider Perspektiven ein facettenreiches Bild zu schaffen, das wesentliche Entwicklungen der Coronakrise zeigt. Ein Bild, das schon wegen der individuellen Textauswahl nicht objektiv sein kann. Mehr war nicht beabsichtigt, aber auch nicht weniger. Was insofern schon ein spannendes Unternehmen ist, weil sich die Krise für jeden Menschen anders anfühlt.

In der Hoffnung, das Ziel erreicht zu haben, verzichte ich als Chronist, Kommentator und Geschichtensammler auf eine Zusammenfassung: Ich nehme nicht abschließend Stellung, ziehe keine Bilanz, wage auch keine Analyse. Dies sollen zu gegebener Zeit die dazu Berufenen tun.

Nur eines: Wir haben viel über die Menschen in der Krise erfahren.

Von ihrer Macht und ihrer Hilflosigkeit, von ihren unterschiedlichen Wahrnehmungen und Entscheidungen, von ihrer Resilienz. Von ihrer Fähigkeit zum Glücklichsein ebenso wie von ihrer zweifelnden Hoffnung auf eine Neuorientierung nach der Krise. Und wie oft, wenn sich Hoffnung mit Zweifel mischt, spricht daraus wenig Zuversicht, dass es gelingen könnte, die hinter den Wünschen nach Veränderung liegende Unzufriedenheit mit unserer Lebensweise in absehbarer Zeit zu mildern.

Dieses in manchen Beiträgen der Anthologie erkennbare Unbehagen erwächst zu großen Teilen aus der Ruhelosigkeit unseres Lebens, aber auch aus der Sorge um die menschengemachte Zerstörung der globalen Lebensgrundlagen. Für beides ist unser unersättliches *Mehr mehr mehr!* die treibende Kraft. Es verstellt immer wieder den Blick auf das, was wir mit diesem Mehr verlieren. So ist unser in der Coronakrise besonders schmerzlich empfundene Wunsch nach menschlicher Nähe Ausdruck unserer wahren Bedürfnisse, die durch mehr Macht, mehr Geld, mehr Spaß nur oberflächlich befriedigt werden können. Vielleicht muss eine Krise länger dauern, schwerer, viel schwerer sein, damit wir dauerhaft aus ihr lernen und einen Wandel zumindest versuchen.

Einige der Kinder und Jugendlichen, die sich in diesem Buch zu Wort gemeldet haben, machen mir Mut. Hoffentlich viele ihrer Generation werden mithelfen auf dem Weg zu etwas, das nicht wenige von uns seit Langem verlernt haben: ein Leben im Gleichgewicht – mit sich selbst und mit der Natur.

Mein herzlicher Dank gilt allen, die mich dabei unterstützt haben, ein wichtiges Stück Zeitgeschehen zu dokumentieren. Die Gefallen am Thema gefunden und gerne etwas über sich erzählt haben. Die meinen Aufruf zum Mitmachen weitergegeben haben und es mir – weit davon entfernt, den Stoff auch nur annähernd abdecken zu können – ermöglicht haben, manche zusätzliche Sicht in die Anthologie aufzunehmen.

Insbesondere Petra Tauchert und Inga Brauer möchte ich danken. Beide haben junge Menschen für Beiträge gewinnen können, die erfrischende, aber auch nachdenklich machende Akzente setzen. Petra Tauchert hat darüber hinaus durch ihr Lektorat dem Buch den letzten Schliff gegeben.

Abschließend danke ich meiner Schwester Gianna für unseren immer ergiebigen Gedankenaustausch zur Coronakrise und nicht zuletzt für ihren kritischen Blick auf die Chronik und ihre NachGedanken.

OvF

Anmerkungen

Notation:

Online: Quelle | Autor | Datum der Veröff. | Link, Abrufdatum
Print: Quelle | Autor | Datum der Veröff.
i.I.m.:   im Interview mit
k.A.:   keine Angabe

[1] Deutscher Bücherbund, Goethes Werke in zwei Bänden | Johann Wolfgang von Goethe | k.A.

[2] Deutsche Welle | sth/hk (dpa, afp) | 31.12.2019 | https://www.dw.com/de/mysteri%C3%B6se-krankheit-in-china-entdeckt/a-51844491, 12.05.2020

[3] ARD Tagesschau | k.A. | 06.01.2020 | https://www.tagesschau.de/ausland/lungenkrankheit-china-who-101.html, 25.04.2020

[4] Mitteldeutscher Rundfunk, Corona-Chronologie | k.A. | k.A. | https://www.mdr.de/wissen/mensch-alltag/coronavirus-lungenkrankheit-warnung-was-sie-wissen-muessen-106.html, 24.05.2020

[5] Digitales Wörterbuch der Deutschen Sprache, Virus | k.A. | k.A. | https://www.dwds.de/wb/Virus, 26.09.2020

[6] Washington Post | Joe Kernen | 22.01.2020 | https://www.washingtonpost.com/graphics/2020/politics/trump-coronavirus-statements/, 06.04.2020

[7] The Lancet | Chen Wang et al. | 24.01.2020 | https://www.thelancet.com/journals/lancet/article/PIIS0140-6736(20)30185-9/fulltext, 10.04.2020

[8] DER SPIEGEL | hba/aar/dpa/Reuters | 28.01.2020 | https://www.spiegel.de/wissenschaft/medizin/corona-virus-erster-fall-in-deutschland-bestaetigt-a-19843b8d-8694-451f-baf7-0189d3356f99, 07.04.2020

[9] WHO | k.A. | 30.01.2020 | https://www.who.int/news-room/detail/30-01-

2020-statement-on-the-second-meeting-of-the-international-health-regulations-(2005)-emergency-committee-regarding-the-outbreak-of-novel-coronavirus-(2019-ncov), 06.04.2020

[10] Kreisverwaltung Heinsberg | k.A. | 30.01.2020 | https://www.kreis-heinsberg.de/aktuelles/aktuelles/?pid=5113, 08.04.2020

[11] Bundesgesundheitsministerium, Eilverordnung | k.A. | 31.01.2020 | https://www.bundesgesundheitsministerium.de/service/gesetze-und-verordnungen.html, 06.04.2020

[12] Süddeutsche Zeitung | dpa | 04.02.2020 | https://www.sueddeutsche.de/gesundheit/krankheiten-chinesen-unter-generalverdacht-der-nebenplatz-bleibt-frei-dpa.urn-newsml-dpa-com-20090101-200204-99-770784, 06.05.2020

[13] ARD Tagesschau | Tim Diekmann SWR | 06.02.2020 | https://www.tagesschau.de/inland/impfstoff-coronavirus-101.html, 06.04.2020

[14] Robert Koch-Institut, SARS-CoV2-Steckbrief | k.A. | 26.09.2020 | https://www.rki.de/DE/Content/InfAZ/N/Neuartiges_Coronavirus/Steckbrief.html, 26.09.2020

[15] ZEIT online | Xifan Yang | 12.02.2020 | https://www.zeit.de/2020/08/china-coronavirus-li-wenliang-xi-jinping-kommunistische-partei, 26.04.2020

[16] Deutschlandfunk | Uli Blumenthal | 13.02.2020 | https://www.deutschlandfunk.de/praesident-des-robert-koch-instituts-wir-sind-in-der-lage.676.de.html?dram:article_id=470226, 06.04.2020

[17] Manager Magazin | k.A. | 23.02.2020 | https://www.manager-magazin.de/fotostrecke/coronavirus-chronik-der-corona-krise-fotostrecke-172468-10.html, 06.04.2020

[18] VOX | Katelyn Burns | 25.02.2020 | https://www.vox.com/policy-and-politics/2020/3/13/21176535/trumps-worst-statements-coronavirus, 06.04.2020

[19] The Guardian | Guardian Staff | 28.02.2020 | https://www.theguardian.com/world/2020/mar/23/how-coronavirus-advice-from-boris-johnson-has-changed, 06.04.2020

[20] Rheinische Post | hsr/dpa | 28.02.2020 | https://rp-

online.de/nrw/panorama/hamsterkaeufe-von-desinfektionsmitteln-und-konserven-wegen-virus-angst-in-nrw_aid-49277573, 06.04.2020

[21]   NBC News | Lauren Egan | 29.02.2020 | https://www.nbcnews.com/politics/donald-trump/trump-calls-coronavirus-democrats-new-hoax-n1145721, 06.04.2020

[22]   The Guardian | Guardian staff | 23.03.2020 | https://www.theguardian.com/world/2020/mar/23/how-coronavirus-advice-from-boris-johnson-has-changed, 06.04.2020

[23]   Reuters | Reuters Staff | 06.03.2020 | https://de.reuters.com/article/virus-einzelhandel-klopapier-idDEKBN20T1AX, 06.04.2020

[24]   Bayerisches Staatsministerium für Gesundheit und Pflege | k.A. | 06.03.2020 | https://www.stmgp.bayern.de/wp-content/uploads/2020/03/2020-03-20_media_merkblatt_coronavirus_barrierefrei.pdf, 20.03.2020

[25]   Corriere della sera | Christian Salaroli i.I.m. Marco Imarisio | 09.03.2020 | https://www.corriere.it/cronache/20_marzo_09/coronavirus-scegliamo-chi-curare-chi-no-come-ogni-guerra-196f7d34-617d-11ea-8f33-90c941af0f23.shtml?refresh_ce-cp, 07.04.2020

[26]   Britisch Broadcast Corporation | k.A. | 09.03.2020 | https://www.bbc.com/news/av/world-us-canada-51761880/trump-on-coronavirus-people-are-really-surprised-i-understand-this-stuff, 07.04.2020

[27]   Manager Magazin | k.A. | 11.03.2020 | https://www.manager-magazin.de/fotostrecke/coronavirus-chronik-der-corona-krise-fotostrecke-172468-16.html, 07.04.2020

[28]   WHO | Tedros Adhanom Ghebreyesus | 11.03.2020 | https://www.who.int/dg/speeches/detail/who-director-general-s-opening-remarks-at-the-media-briefing-on-covid-19---11-march-2020, 07.04.2020

[29]   Focus | Lisa Kleine | 11.03.2020 | https://www.focus.de/gesundheit/news/interview-mit-andreas-gassen-kbv-chef-gegen-corona-panik-jetzt-ist-jeder-gefragt-verantwortung-zu-uebernehmen_id_11757631.html, 23.04.2020

[30]   n-tv | n-tv.de | 12.03.2020 | https://www.n-tv.de/wirtschaft/der_boersen_tag/Es-herrscht-Panik-Dax-verliert-fast-1300-Punkte-an-einem-Tag-article21637473.html, 07.04.2020

[31]   Norddeutscher Rundfunk | Christian Drosten | 12.03.2020 | https://www.ndr.de/nachrichten/info/12-Coronavirus-Update-Schulen-schliessen-und-Gemeinden-unterstuetzen,podcastcoronavirus126.html, 17.05.2020

[32]   Bayerischer Rundfunk | Pressekonferenz, Markus Söder | 13.03.2020 | https://www.br.de/mediathek/video/pressekonferenz-mit-markus-soeder-schulschliessungen-in-bayern-av:5e6b8bd46205ca001307d210, 07.04.2020

[33]   EKD | Heinrich Bedford-Strohm | 13.03.2020 | https://www.ekd.de/wort-des-rv-ekd-bedford-strohm-corona-53958.htm, 07.04.2020

[34]   ARD Tagesschau | Markus Grill NDR/WDR | 13.03.2020 | https://www.tagesschau.de/investigativ/ndr-wdr/remdesivir-corona-101.html, 07.04.2020

[35]   Themen der Zeit | Harald Matthes, Friedemann Schad | 13.03.2020 | https://www.themen-der-zeit.de/die-angst-geht-um/, 03.05.2020

[36]   WELT | Axel Springer SE | 15.03.2020 | https://www.welt.de/wirtschaft/video206557781/Coronavirus-Donald-Trump-greift-nach-deutscher-Impfstoff-Firma-CureVac.html, 07.04.2020

[37]   Science | Linda Nordling | 15.03.2020 | https://www.sciencemag.org/news/2020/03/ticking-time-bomb-scientists-worry-about-coronavirus-spread-africa, 07.04.2020

[38]   Berliner Zeitung | Michael Maier | 15.03.2020 | https://www.berliner-zeitung.de/politik-gesellschaft/trotzig-vollzieht-boris-johnson-eine-kehrtwende-im-umgang-mit-dem-coronavirus-li.78615, 10.04.2020

[39]   Digitales Wörterbuch der Deutschen Sprache, Herdenimmunität | k.A. | k.A. | https://www.dwds.de/wb/Herdenimmunit%C3%A4t, 18.09.2020

[40]   Le Monde | Emmanuel Macron | 16.03.2020 | https://www.lemonde.fr/politique/article/2020/03/16/nous-sommes-en-guerre-retrouvez-le-discours-de-macron-pour-lutter-contre-le-coronavirus_6033314_823448.html, 07.04.2020

[41]   BUNTE | BUNTE.de Redaktion | 16.03.2020 |
https://www.bunte.de/health/gesundheit/coronavirus/mut-machende-
aufnahmen-aus-quarantaene-vom-balkon-aus-italien-singt-
gemeinsam-gegen-die-corona-krise.html, 07.04.2020

[42]   T-ONLINE | Lars Wienand | 16.03.2020 | https://www.t-
online.de/nachrichten/panorama/id_87525436/coronavirus-von-ischgl-
verbreitete-sich-covid-19-in-ganz-europa.html, 07.04.2020

[43]   Bayerische Staatsregierung | k.A. | 16.03.2020 |
https://www.bayern.de/corona-pandemie-bayern-ruft-den-
katastrophenfall-aus-veranstaltungsverbote-und-
betriebsuntersagungen/, 18.03.2020

[44]   taz | Heiko Werning | 16.03.2020 |
https://taz.de/Verschwoerungstheorien-in-Corona-Zeiten/!5668690/,
23.04.2020

[45]   Bayerischer Rundfunk | k.A. | 17.03.2020 |
https://www.br.de/nachrichten/deutschland-welt/corona-im-ausland-
festsitzende-deutsche-werden-zurueckgeholt,RtTqmqs, 07.04.2020

[46]   Rowohlt Verlag, Die Pest | Albert Camus | 01.12.1998

[47]   Anaconda Verlag, Das Dekameron | Giovanni Boccaccio | 07.08.2013

[48]   Fischer Taschenbuch, Der Tod in Venedig | Thomas Mann | 01.07.1992

[49]   DER SPIEGEL | hba | 17.03.2020 |
https://www.spiegel.de/sport/olympia/coronavirus-ioc-sieht-keinen-
grund-olympia-2020-zu-verschieben-a-313d2d0f-22a6-49cf-ae97-
ef48ae02ed64, 08.05.2020

[50]   ARD Mediathek | Angela Merkel | 18.03.2020 |
https://www.ardmediathek.de/daserste/player/Y3JpZDovL2Rhc2Vyc3R
lLmRlL2FyZC1zb25kZXJzZW5kdW5nL2FkMGI4YjA3LThkMGQtNGZjZi
04MDA2LWJhOWY5ODUyODkyMA/merkels-tv-rede-zur-corona-krise-
es-ist-ernst-nehmen-sie-es-auch-ernst, 08.04.2020

[51]   Europäische Zentralbank, Pressemitteilung | Generaldirektion
Kommunikation | 18.03.2020 |
https://www.bundesbank.de/resource/blob/828904/591625bfff8265ae1
2bf5210b061f0d2/mL/2020-03-18-pepp-download.pdf, 21.05.2020

[52]   Frankfurter Allgemeine Zeitung, FAZ.NET | Tjerk Brühwiller |

18.03.2020 |
https://www.faz.net/aktuell/gesellschaft/gesundheit/coronavirus/coron
a-in-brasilien-praesident-bolsonaro-verharmlost-die-pandemie-
16685354.html, 08.04.2020

[53] Deutscher Gewerkschaftsbund | Susanne Uhl | 18.03.2020 | https://sh-
nordwest.dgb.de/++co++3c74ed12-6904-11ea-9421-52540088cada,
10.04.2020

[54] Gabler Wirtschaftslexikon, Kurzarbeitergeld | Joachim Becker | k.A. |
https://wirtschaftslexikon.gabler.de/definition/kurzarbeitergeld-
37667/version-375411, 03.05.2020

[55] Zeno.org, Dekameron | Giovanni Boccaccio | k.A. |
http://www.zeno.org/Literatur/M/Boccaccio,+Giovanni/Novellensamml
ung/Das+Dekameron/Erster+Tag/%5BEinleitung%5D, 29.03.2020

[56] Dagblad Noorden | k.A. | 19.03.2020 |
https://www.dvhn.nl/binnenland/Rutte-Er-is-genoeg-wc-papier-we-
kunnen-tien-jaar-poepen-25480511.html, 12.04.2020

[57] T-ONLINE | rtr, dpa | 19.03.2020 | https://www.t-
online.de/nachrichten/ausland/id_87555640/coronavirus-in-italien-
tragische-bilder-armee-transportiert-leichen-ab.html, 08.04.2020

[58] Kirche und Leben | Claudia Maria Korsmeier | 19.03.2020 |
https://www.kirche-und-leben.de/artikel/warum-corona-gegen-
corona-helfen-soll/, 06.04.2020

[59] TIME | Becky Little | 20.03.2020 | https://time.com/5807376/virus-name-
foreign-history/, 08.04.2020

[60] The Guardian | David Smith | 20.03.2020 |
https://www.theguardian.com/us-news/2020/mar/20/trump-
coronavirus-question-attack-reporter-over-fears, 08.04.2020

[61] Nürnberger Nachrichten | Anne Kleinmann | 20.03.2020

[62] T-ONLINE | dpa | 21.03.2020 | https://www.t-
online.de/leben/familie/id_87560678/coronavirus-ich-bin-ins-klo-
gefallen-homeoffice-mit-kind.html, 12.04.2020

[63] Nürnberger Nachrichten | msm | 21.03.2020

[64] Nürnberger Nachrichten | Allgemeinverfügung | 21.03.2020

[65]   Bayerischer Rundfunk | k.A. | 22.03.2020 |
       https://www.br.de/nachrichten/wirtschaft/corona-krise-italien-
       schliesst-nicht-lebensnotwendige-betriebe,RtwPSm3, 08.04.2020

[66]   Abruzzo Live TV | Redazione | 22.03.2020 |
       https://www.abruzzolive.tv/lavoro-impresa/coronavirus-conte-chiude-
       tutte-le-attivit-it26444.html.html, 08.04.2020

[67]   Nürnberger Nachrichten | hb/nn | 23.03.2020

[68]   nordbayern.de | dpa | 23.03.2020 |
       https://www.nordbayern.de/politik/corona-krise-bundesregierung-
       kundigt-riesiges-notpaket-an-1.9968297, 13.04.2020

[69]   DER SPIEGEL | Manfred Dworschak | 23.03.2020 |
       https://www.spiegel.de/politik/deutschland/corona-krise-wie-
       virologen-ploetzlich-zu-einer-nebenregierung-werden-a-00000000-
       0002-0001-0000-000170114611, 14.04.2020

[70]   Neue Zürcher Zeitung | Benjamin Triebe | 24.03.2020 |
       https://www.nzz.ch/international/coronavirus-grossbritannien-
       bekommt-nun-doch-die-ausgangssperre-ld.1548226, 09.04.2020

[71]   USA Today | William Cummings | 24.03.2020 |
       https://eu.usatoday.com/story/news/politics/2020/03/23/anthony-fauci-
       science-magazine-interview-coronavirus-trump/2897004001/,
       09.04.2020

[72]   ARD Tagesschau | k.A. | 24.03.2020 |
       https://www.tagesschau.de/olympia-verschiebung-101.html,
       13.04.2020

[73]   Deutscher Bundestag | k.A. | 25.03.2020 |
       https://www.bundestag.de/dokumente/textarchiv/2020/kw13-de-
       corona-infektionsschutz 688952, 13.04.2020

[74]   Bundesjustizministerium | k.A. | 20.07.2000 | https://www.gesetze-im-
       internet.de/ifsg/__5.html, 18.09.2020

[75]   nordbayern.de | Lidia Piechulek | 25.03.2020 |
       https://www.nordbayern.de/wirtschaft/personal-verleihen-mcdonalds-
       und-aldi-machen-es-vor-1.9971991, 14.04.2020

[76]   Berliner Morgenpost | Miguel Sanches | 25.03.2020 |
       https://www.morgenpost.de/vermischtes/article228768053/Warum-

gibt-es-keine-Corona-Kontrollen-an-unseren-Flughaefen.html,
14.04.2020

[77] DIVI | Jochen Dutzmann, Christiane Hartog, Uwe Janssens et. al. |
25.03.2020 | https://www.divi.de/empfehlungen/publikationen/covid-
19/1540-covid-19-ethik-empfehlung-v2/file, 10.04.2020

[78] Digitales Wörterbuch der Deutschen Sprache, Triage | k.A. | k.A. |
https://www.dwds.de/themenglossar/Corona#glossar-T, 18.09.2020

[79] ARD Tagesschau | Wulf Rohwedder | 26.03.2020 |
https://www.tagesschau.de/faktenfinder/inland/corona-therapien-
101.html, 10.04.2020

[80] DIE ZEIT | Uwe Jean Heuser | 26.03.2020.

[81] DIE ZEIT | Streifenpolizist | 26.03.2020.

[82] ZDFheute | dpa | 27.03.2020 |
https://www.zdf.de/nachrichten/panorama/coronavirus-papst-segen-
urbi-et-orbi-100.html, 14.04.2020

[83] La Repubblica | Paolo Rodari | 27.03.2020 |
https://www.repubblica.it/vaticano/2020/03/27/news/_fitte_tenebre_si
_sono_addensate_sulle_nostre_piazze_ma_scenda_su_tutti_la_benedi
zione_di_dio_-252483705/?refresh_ce, 09.04.2020

[84] ARD Tagesschau | k.A. | 27.03.2020 |
www.tagesschau.de/newsticker/liveblog-coronavirus-135.html,
10.04.2020

[85] Deutscher Ethikrat, Ad-hoc-Empfehlung | Peter Dabrock, Katrin
Amunts, Volker Lipp et al. | 27.03.2020 |
https://www.ethikrat.org/fileadmin/Publikationen/Ad-hoc-
Empfehlungen/deutsch/ad-hoc-empfehlung-corona-krise.pdf,
10.04.2020

[86] RTL.DE | dpa | 29.03.2020 | https://www.rtl.de/cms/mann-absichtlich-
angehustet-polizei-ueberwaeltigt-provokateur-4513785.html,
14.04.2020

[87] ebay | k.A. | 29.03.2020 | https://www.ebay-kleinanzeigen.de/s-
anzeige/gassi-gehen/1356710568-133-7606, 10.04.2020

[88] Saarländischer Rundfunk | k.A. | 29.03.2020 |

https://www.sr.de/sr/home/nachrichten/panorama/kinder_regenbogen
_corona_100.html, 09.04.2020

[89] WELT | Armin Laschet | 29.03.2020 |
https://www.welt.de/debatte/kommentare/article206868669/Exit-
Stratgegie-Jetzt-muessen-wir-fuer-die-Zeit-nach-Corona-planen.html,
10.04.2020

[90] pflegereserve.de | k.A. | 30.03.2020 | https://pflegereserve.de,
14.04.2020

[91] ARD Tagesschau | Clemens Verenkotte | 30.03.2020 |
https://www.tagesschau.de/ausland/schutzmaske-osterreich-101.html,
10.04.2020

[92] ZDFheute | Shams Ul Haq | 30.03.2020 |
https://www.zdf.de/nachrichten/panorama/coronavirus-indien-
ausgangssperre-102.html, 10.04.2020

[93] Fox News | Josh Hawley | 30.03.2020 |
https://www.foxnews.com/opinion/sen-josh-hawley-investigate-
chinas-coronavirus-actions-make-beijing-pay-for-lives-and-billions-
lost, 18.04.2020

[94] n-tv | Konrad Rohr | 30.03.2020 | https://www.n-tv.de/politik/Sind-die-
Grundrechte-in-Gefahr-article21679292.html, 16.04.2020

[95] Merkur | Patrick Mayer | 31.03.2020 |
https://www.merkur.de/welt/corona-krankenschwester-deutschland-
spahn-applaus-video-covid-19-mundschutz-intensivstation-zr-
13632587.html, 10.04.2020

[96] Südwestrundfunk ARD extra | Giuseppe Conte i.I.m Fritz Frey |
31.03.2020 |
https://www.swr.de/unternehmen/kommunikation/pressemeldungen/d
aserste-extra-conte-interview-pressemeldung-daserste-100.html,
10.04.2020

[97] BR Klassik | Bernhard Neuhoff | 31.03.2020 | https://www.br-
klassik.de/aktuell/news-kritik/bayreuther-festspiele-sommer-2020-
abgesagt-corona-katharina-wagner-100.html, 11.04.2020

[98] Nürnberger Nachrichten | Frank Herrmann | 31.03.2020

[99] Hamburger Abendblatt | Tim Braune | 31.03.2020 |

https://www.abendblatt.de/politik/article228808229/Coronavirus-Warum-Schwedens-Sonderweg-in-der-Corona-Krise-riskant-ist.html, 10.04.2020

[100] n-tv | k.A. | k.A. | https://www.n-tv.de/mediathek/videos/politik/Merkel-Eine-Pandemie-kennt-keine-Feiertage-article21686354.html, 19.09.2020

[101] Generalanzeiger Bonn | k.A. | 01.04.2020 | https://www.general-anzeiger-bonn.de/news/panorama/sehnsucht-nach-oma-schweizer-junge-bittet-polizei-um-hilfe_aid-49857005, 11.04.2020

[102] Nürnberger Nachrichten | Verlag Nürnberger Presse | 01.04.2020

[103] Neue Zürcher Zeitung | Dietmar von der Pfordten | 01.04.2020 | https://www.nzz.ch/feuilleton/coronavirus-warum-der-humanismus-dem-utilitarismus-ueberlegen-ist-ld.1549687, 11.04.2020

[104] Reuters | Madeline Chambers | 02.04.2020 | https://www.reuters.com/article/us-health-coronavirus-germany-denunciati/germans-snitch-on-neighbours-flouting-virus-rules-in-echo-of-the-stasi-past-idUSKBN21K2PB, 07.05.2020

[105] ARD Tagesschau | 02.04.2020 | https://www.tagesschau.de/inland/coronavirus-erntehelfer-103.html, 11.04.2020

[106] ARD Tagesschau | Ellen Ehni, WDR | 02.04.2020 | https://meta.tagesschau.de/id/145473/deutschlandtrend-grosses-vertrauen-in-merkel-und-co, 11.04.2020

[107] Twitter | @Komfortfreund | 02.04.2020 | https://twitter.com/Komfortfreund/status/1245626562344411137, 11.04.2020

[108] Focus | Carla Bleiker, Alexander Görlach | 03.04.2020 | https://www.focus.de/politik/ausland/deutscher-berichtet-aus-epizentrum-der-usa-new-york-gelaehmt-von-pandemie-die-stadt-die-niemals-schlaeft-schlaeft-jetzt-schon_id_11849222.html, 11.04.2020

[109] ARD Tagesschau | Anne-Katrin Mellmann, RBB | 03.04.2020 | https://www.tagesschau.de/newsticker/liveblog-corona-freitag-101.html, 11.04.2020

[110] EPOCH TIMES | dpa | 03.04.2020 |

https://www.epochtimes.de/wirtschaft/wirtschaft-news/puma-will-dividende-aussetzen-und-frisches-geld-besorgen-a3204222.html, 14.04.2020

[111] Rundfunk Berlin-Brandenburg | k.A. | 04.04.2020 | https://www.rbb24.de/politik/thema/2020/coronavirus/beitraege_neu/2020/04/atemschutzmasken-berlin-innensenator-geisel-3m.html, 17.04.2020

[112] WELT | dpa | 06.04.2020 | https://www.welt.de/newsticker/dpa_nt/infoline_nt/brennpunkte_nt/article207035675/Corona-in-Brasilien-Friedhofsfoto-loest-Spekulationen-aus.html, 06.04.2020

[113] New York Times | Katrin Bennhold | 04.04.2020 | https://www.nytimes.com/2020/04/04/world/europe/germany-coronavirus-death-rate.html, 18.04.2020

[114] ARD Tagesschau | k.A. | 05.04.2020 | https://www.tagesschau.de/newsticker/liveblog-corona-sonntag-105.html, 06.04.2020

[115] ARD Tagesschau | k.A. | 05.04.2020 | https://www.tagesschau.de/wirtschaft/corona-bonds-101.html, 17.04.2020

[116] Queen's broadcast to the UK and Commonwealth | Queen Elizabeth | 05.04.2020 | https://www.royal.uk/queens-broadcast-uk-and-commonwealth, 06.04.2020

[117] Focus | Florian Reiter | 05.04.2020 | https://www.focus.de/politik/deutschland/aus-dem-innenministerium-wie-sag-ichs-den-leuten-internes-papier-empfiehlt-den-deutschen-angst-zu-machen_id_11851227.html.

[118] ARD Tagesschau | Markus Söder | 07.04.2020 | https://www.tagesschau.de/inland/corona-soeder-rki-101.html, 07.04.2020

[119] Bayerischer Rundfunk | Peter Dabrock | 08.04.2020 | https://www.br.de/nachrichten/deutschland-welt/ethikrat-fordert-diskussion-ueber-corona-lockdown,RvSYY3W, 08.04.2020

[120] Nürnberger Nachrichten | 08.04.2020

[121] DIE ZEIT | Peter Sloterdijk i.I.m. Adam Soboczynski | 08.04.2020.

[122] ARD Tagesschau | k.A. | 09.04.2020 |
https://www.tagesschau.de/newsticker/liveblog-coronavirus-
donnerstag-101.html, 09.04.2020

[123] Der Tagesspiegel | Julia Bernewasser | 09.04.2020 |
https://www.tagesspiegel.de/wissen/zwischenergebnis-zur-
coronavirus-uebertragung-das-sind-die-ersten-lehren-der-heinsberg-
studie/25730138.html, 11.04.2020

[124] Science Media Center | k.A. | 09.04.2020 |
https://www.sciencemediacenter.de/alle-angebote/rapid-
reaction/details/news/kritik-an-zwischenergebnissen-der-heinsberger-
immunitaets-studie-zu-sars-cov-2/, 19.04.2020

[125] Merkur | Alicia Greil | 10.04.2020 |
https://www.merkur.de/welt/coronavirus-suedamerika-ecuador-
brasilien-tote-infizierte-fallzahlen-leichen-pandemie-zr-13647574.html,
10.04.2020

[126] ARD Tagesschau | k.A. | 10.04.2020 |
https://www.tagesschau.de/newsticker/liveblog-coronavirus-freitag-
101.html, 10.04.2020

[127] Frankfurter Rundschau | Jürgen Habermas i.I.m. Markus Schwering |
10.04.2020 | https://www.fr.de/kultur/gesellschaft/juergen-habermas-
coronavirus-krise-covid19-interview-13642491.html, 19.05.2020

[128] ARD Tagesschau | k.A. | 11.04.2020 |
https://www.tagesschau.de/ausland/coronavirus-usa-125.html,
11.04.2020

[129] ARD Tagesschau | k.A. | 11.04.2020 |
https://www.tagesschau.de/inland/corona-lockerung-debatte-
101.html, 13.04.2020

[130] Domradio, Kath. Nachrichtenagentur | Christoph Renzikowski |
11.04.2020 | https://www.domradio.de/themen/ostern/2020-04-11/den-
blick-schaerfen-fuer-das-was-wirklich-wichtig-ist-kardinal-reinhard-
marx-ueber-ostern-corona, 11.04.2020

[131] ARD Tagesschau | k.A. | 12.04.2020 |
https://www.tagesschau.de/ausland/johnson-klinik-entlassen-101.html,

14.04.2020

[132]   Internetportal der katholischen Kirche in Deutschland | KNA | 12.04.20 |
        https://www.katholisch.de/artikel/25161-das-waren-die-
        osterpredigten-der-deutschen-bischoefe, 13.04.2020

[133]   Leopoldina | Dirk Brockmann et al. | 13.04.2020 |
        https://www.leopoldina.org/uploads/tx_leopublication/2020_04_13_Co
        ronavirus-Pandemie-
        Die_Krise_nachhaltig_%C3%BCberwinden_final.pdf, 01.05.2020

[134]   DER SPIEGEL | lmd | 13.04.2020 |
        https://www.spiegel.de/wirtschaft/corona-flaute-niederlaender-
        schreddern-140-millionen-tulpen-a-5f317652-e181-4b54-9d8e-
        bd6332f0ffb1, 11.06.2020

[135]   Riff Reporter | Christian J. Meier | 10.06.2020 |
        https://www.riffreporter.de/corona-virus/reproduktionszahl/,
        19.09.2020

[136]   Deutschlandfunk | k.A. | 13.04.2020 |
        https://www.deutschlandfunk.de/covid-19-aktuelle-zahlen-zum-
        coronavirus-in-deutschland.1939.de.html?drn:news_id=1120282,
        14.04.2020

[137]   Deutschlandfunk, Verdoppelungszahl | mre/wes | 13.04.2020 |
        https://www.deutschlandfunk.de/covid-19-verdopplungzeit-
        reproduktionszahl-freie.2852.de.html?dram:article_id=474508,
        14.04.2020

[138]   DER SPIEGEL, Reproduktionszahl | Katherine Rydlink | 17.04.2020 |
        https://www.spiegel.de/wissenschaft/medizin/coronavirus-
        ansteckungsrate-unter-1-0-gesunken-was-das-bedeutet-a-9fea615e-
        e4ea-4eec-a516-7dedfaa222aa, 18.04.2020

[139]   Robert Koch-Institut, Empfehlungen zur Hygiene | k.A. | 14.04.2020 |
        https://www.rki.de/DE/Content/InfAZ/N/Neuartiges_Coronavirus/Hygie
        ne.html, 21.04.2020

[140]   Deutsches Medizinhistorisches Museum | Marion Ruisinger | 22.03.2020
        | http://www.dmm-ingolstadt.de/covid-19-history/schutzkleidung-
        i.html, 21.04.2020

[141]   DER SPIEGEL | Susanne Götze | 14.04.2020 |

https://www.spiegel.de/wissenschaft/mensch/im-laender-vergleich-liegt-deutschland-sehr-weit-vorn-a-ebae15df-eca1-4daf-ae5b-8efcad11ee28, 15.04.2020

[142] DEHOGA | k.A. | 15.04.2020 | https://www.dehoga-corona.de/aktuelle-dehoga-meldungen-zum-thema-corona-virus/corona-news/detail/news/nach-verlaengerung-der-corona-massnahmen-dehoga-fordert-sofortiges-rettungspaket-fuer-das-gastgewerbe/?tx_news_pi1%5Bcontroller%5D=News&tx_news_pi1%5Bact, 21.04.2020

[143] ARD Tagesschau | k.A. | 15.04.2020 | https://www.tagesschau.de/inland/inland-coronavirus-beschraenkungen-103.html, 16.04.2020

[144] Youtube | Barack Obama | 15.04.2020 | https://www.youtube.com/watch?v=5-s3ANu4eMs, 16.04.2020

[145] ABC News | Donald Trump | 16.04.2020 | https://abcnews.go.com/Politics/coronavirus-government-response-updates-trump-now-reopening-decisions/story?id=70160952, 17.04.2020

[146] Nürnberger Nachrichten | Alexander Jungkunz | 16.04.2020

[147] Nürnberger Nachrichten | Roland Englisch | 17.04.2020.

[148] ARD Tagesschau | Anne Allmeling | 17.04.2020 | https://www.tagesschau.de/ausland/corona-aegypten-101.html, 18.04.2020

[149] ZDF | Marcel Mettelsiefen | 17.04.2020 | https://www.zdf.de/politik/auslandsjournal/die-spanische-tragoedie-vom-17-april-2020-100.html, 05.05.2020

[150] ARD Tagesschau | Carsten Schmiester | 18.04.2020 | https://www.tagesschau.de/ausland/corona-schweden-107.html, 19.04.2020

[151] Bundesamt für Bevölkerungsschutz und Katastrophenhilfe | k.A. | 03.01.2013 | https://www.bbk.bund.de/SharedDocs/Downloads/BBK/DE/Downloads/Krisenmanagement/BT-Bericht_Risikoanalyse_im_BevSch_2012.pdf, 07.04.2020

[152] Stuttgarter Zeitung | Thomas Faltin | 20.04.2020 |
https://www.stuttgarter-zeitung.de/inhalt.corona-leere-wartezimmer-
patienten-gehen-nicht-mehr-zum-arzt.56b550e3-70d7-47b2-9907-
ac876d3017f1.html?reduced=true, 17.05.2020

[153] ARD Tagesschau | k.A. | 20.04.2020 |
https://www.tagesschau.de/inland/merkel-lockdown-101.html,
21.04.2020

[154] Niedersächsische Staatskanzlei | k.A. | k.A. |
https://www.niedersachsen.de/Coronavirus/antworten_auf_haufig_ges
tellte_fragen_faq/antworten-auf-haufig-gestellte-fragen-faq-
186686.html, 27.04.2020

[155] ARD Tagesschau | Christoph Heinzle | 21.04.2020 |
https://www.tagesschau.de/investigativ/ndr/corona-zahlen-heime-
101.html, 22.04.2020

[156] ARD Tagesschau | k.A. | 22.04.2020 |
https://www.tagesschau.de/inland/corona-maskenpflicht-103.html,
23.04.2020

[157] BR Mediathek | Jens Spahn | 22.04.2020 |
https://www.br.de/mediathek/video/bundesgesundheitsminister-
spahn-nach-der-corona-lage-werden-wir-uns-viel-verzeihen-muessen-
av:5ea03b35212d3c00134d9be8, 23.04.2020

[158] ARD Tagesschau | Dietmar Bartsch | 23.04.2020 |
https://www.tagesschau.de/inland/merkel-regierungserklaerung-
corona-103.html, 23.04.2020

[159] T-ONLINE | Johannes Bebermeier, Florian Harm | 23.04.2020 |
https://www.t-
online.de/nachrichten/deutschland/id_87749220/coronavirus-krise-in-
deutschland-scholz-wir-stecken-in-einem-dilemma-.html, 23.04.2020

[160] DER SPIEGEL | Julia Merlot | 23.04.2020 |
https://www.spiegel.de/wissenschaft/medizin/coronavirus-wie-viele-
freie-intensivbetten-hat-deutschland-a-082c4472-1e2a-4613-bc16-
75fd9a06b300, 28.04.2020

[161] Frankfurter Allgemeine Zeitung, FAZ.NET | Angela Merkel | 23.04.2020
| https://www.faz.net/aktuell/politik/inland/merkel-zu-corona-

pandemie-ist-demokratische-zumutung-16737917.html, 10.05.2020

[162] ZDFheute | Donald Trump | 24.04.2020 |
       https://www.zdf.de/nachrichten/politik/coronavirus-us-praesident-
       trump-kommentar-100.html, 24.04.2020

[163] The Economist | k.A. | 25.04.2020 |
       https://www.economist.com/europe/2020/04/25/germany-excels-
       among-its-european-peers, 09.05.2020

[164] Der Tagesspiegel | Wolfgang Schäuble i.I.m. Robert Birnbaum und
       Georg Ismar | 26.04.2020 |
       https://www.tagesspiegel.de/politik/bundestagspraesident-zur-corona-
       krise-schaeuble-will-dem-schutz-des-lebens-nicht-alles-
       unterordnen/25770466.html, 26.04.2020

[165] ARD Tagesschau | Patrick Gensing | 27.04.2020 |
       https://www.tagesschau.de/faktenfinder/corona-uebersterblichkeit-
       103.html, 28.04.2020

[166] UNICEF | Georgina Thompson | 28.04.2020 |
       https://www.unicef.org/press-releases/futures-370-million-children-
       jeopardy-school-closures-deprive-them-school-meals, 01.05.2020

[167] SAT 1 | Boris Palmer | 28.04.2020 |
       https://www.sat1.de/tv/fruehstuecksfernsehen/video/202082-
       oberbuergermeister-boris-palmer-spricht-ueber-die-deutsche-
       wirtschaft-clip, 29.04.2020

[168] Neue Osnabrücker Zeitung | Jens Spahn, ots | 29.04.2020 |
       https://www.presseportal.de/pm/58964/4583527, 29.04.2020

[169] Deutsche Welle | kle/ust (epd, rtr, dpa) | 30.04.2020 |
       https://www.dw.com/de/corona-regeln-in-deutschland-werden-leicht-
       gelockert/a-53297401, 01.05.2020

[170] Frankfurter Rundschau | Klaus Staeck | 01.05.2020 |
       https://www.fr.de/meinung/corona-krise-konzerne-keine-hilfe-
       schamlose-steuerverweigerer-13744490.html, 02.05.2020

[171] Nürnberger Nachrichten | mak/woh | 01.05.2020

[172] BVMW | Jochen Leonhardt, Mario Ohoven, Hans-Michael Pott |
       01.05.2020 | https://www.bvmw.de/fileadmin/01-
       Presse_und_News/Pressemitteilungen/Dateien/Mittelstand-Offener-

Brief-Bevor-es-zu-spaet-ist-01-05-2020pdf, 03.05.2020

[173] ARD Tagesschau | k.A. | 02.05.2020 |
https://www.tagesschau.de/ausland/geberkonferenz-corona-101.html,
03.05.2020

[174] Neue Zürcher Zeitung | dpa | 03.05.2020 |
https://www.nzz.ch/international/geheimdienstpapier-schwere-
vorwuerfe-gegen-china-wegen-corona-krise-ld.1554713, 04.05.2020

[175] The Sun | Boris Johnson | 03.05.2020 |
https://www.thesun.co.uk/news/11535369/boris-johnson-on-fight-
against-coronavirus/, 04.05.2020

[176] ARD Tagesschau | k.A. | 04.05.2020 |
https://www.tagesschau.de/ausland/corona-eu-spendensammeln-
103.html, 05.05.2020

[177] The Guardian | Denis Campbell, Frances Perraudin et al. | 05.05.2020 |
https://www.theguardian.com/world/2020/may/05/uk-coronavirus-
death-toll-rises-above-32000-to-highest-in-europe, 06.05.2020

[178] WELT | Curd Wunderlich | 06.05.2020 |
https://www.welt.de/politik/deutschland/article207781525/Corona-
Lockerungen-Zwei-Regionen-muessten-schon-jetzt-wieder-in-den-
Lockdown.html, 07.05.2020

[179] ARD Tagesschau | k.A. | 06.05.2020 |
https://www.tagesschau.de/wirtschaft/corona-eurozone-rezession-
101.html, 07.05.2020

[180] Handelsblatt | Hans-Jürgen Jakobs | 07.05.2020 |
https://www.handelsblatt.com/meinung/morningbriefing/morning-
briefing-die-verzweiflung-der-angela-merkel/25809078.html,
07.05.2020

[181] Veritas liberabit vos | Katholische Bischöfe et al.| 07.05.2020 |
https://veritasliberabitvos.info/aufruf/, 12.05.2020

[182] Twitter | @_daniisha | 08.05.2020 |
https://twitter.com/_daniisha/status/1258837368720822274,
09.05.2020

[183] Nürnberger Nachrichten | Bayerische Staatsregierung, Anzeige |
09.05.2020

[184] Süddeutsche Zeitung | SZ.de/dpa/aner/ghe | 09.05.2020 |
https://www.sueddeutsche.de/politik/schlachthoefe-coronavirus-
fleischindustrie-1.4902646, 10.05.2020

[185] Deutsche Bischofskonferenz | Georg Bätzing | 09.05.2020 |
https://www.dbk.de/nc/presse/aktuelles/meldung/erklaerung-zum-
aufruf-einzelner-bischoefe-aus-der-weltkirche-zur-corona-
pandemie/detail/, 12.05.2020

[186] Twitter | @Emmanuel Macron | 10.05.2020 |
https://twitter.com/EmmanuelMacron/status/1259540093305569280,
14.05.2020

[187] ARD Tagesschau | k.A. | 10.05.2020 |
https://www.tagesschau.de/inland/corona-landkreise-105.html,
11.05.2020

[188] WELT | Hannelore Crolly | 11.05.2020 |
https://www.welt.de/politik/deutschland/article207878083/Corona-
Demos-Die-wachsende-Angst-vor-der-Unterwanderung.html,
12.05.2020

[189] ARD Tagesschau | Holger Senzel | 11.05.2020 |
https://www.tagesschau.de/ausland/roboter-corona-101.html,
29.06.2020

[190] ARD Tagesschau | k.A. | 12.05.2020 |
https://www.tagesschau.de/ausland/spanien-quarantaene-101.html,
13.05.2020

[191] Oberverwaltungsgericht Niedersachsen | 12.05.2020 |
https://oberverwaltungsgericht.niedersachsen.de/aktuelles/presseinfor
mationen/13-senat-setzt-grundsatzliche-quarantanepflicht-fur-aus-
dem-ausland-einreisende-ausser-vollzug-188236.html, 13.05.2020

[192] Süddeutsche Zeitung | Daniel Brössler, Constanze von Bullion, Kristiana
Ludwig | 12.05.2020 |
https://www.sueddeutsche.de/politik/grenzkontrollen-corona-
seehofer-asselborn-1.4905589, 13.05.2020

[193] Youtube | Bill Gates | 03.04.2015 |
https://www.youtube.com/watch?time_continue=58&v=6Af6b_wyiwI&
feature=emb_logo, 12.04.2020

[194] Frankfurter Allgemeine Zeitung, FAZ.NET | afp | 17.05.2020 |
https://www.faz.net/aktuell/gesellschaft/gesundheit/coronavirus/bis-
zu-drei-jahre-haft-bei-verstoessen-gegen-maskenpflicht-in-katar-
16773917.html, 19.05.2020

[195] Rundfunk Berlin-Brandenburg | Anke Fink | 19.05.2020 |
https://www.rbb24.de/panorama/thema/2020/coronavirus/beitraege_n
eu/2020/05/schweden-umgang-corona-senioren-pflegeheime-
kliniken.html, 20.05.2020

[196] Bayerischer Rundfunk | k.A. | 19.05.2020 |
https://www.br.de/nachrichten/bayern/auf-den-hund-gekommen-
welpenklappe-in-corona-zeiten, 27.06.2020

[197] ARD Tagesschau | Malte Pieper | 21.05.2020 |
https://www.tagesschau.de/schlusslicht/corona-praline-101.html,
23.05.2020

[198] WELT | Marc Pfitzenmaier, Tobias Käufer | 23.05.2020 |
https://www.welt.de/politik/ausland/article208161951/Coronavirus-
Lateinamerika-das-neue-globale-Epizentrum.html, 23.05.2020

[199] Mitteldeutscher Rundfunk | MDR THÜRINGEN/ls | 23.05.2020 |
https://www.mdr.de/thueringen/corona-beschraenkungen-aufheben-
ramelow-100.html, 24.05.2020

[200] WELT | Sabine Menkens | 28.05.2020 |
https://www.welt.de/politik/deutschland/article208447189/Kinderhilfs
werk-Eine-Generation-droht-die-Corona-ausbaden-muss.html,
29.05.2020

[201] WELT | dpa/tpf/jmi | 29.05.2020 |
https://www.welt.de/wissenschaft/article208566881/Drosten-glaubt-
so-langsam-an-keine-zweite-Corona-Welle-bis-Herbst.html,
31.05.2020

[202] WESER KURIER | dpa | 01.06.2020 | https://www.weser-
kurier.de/deutschland-welt/deutschland-welt-wirtschaft_artikel,-
weniger-nachfrage-nach-makeup-in-coronakrise-_arid,1916090.html,
01.06.2020

[203] Süddeutsche Zeitung | dpa, lni | 02.06.2020 |
https://www.sueddeutsche.de/leben/gesellschaft-krisenstab-droht-

quarantaene-brechern-mit-einweisung-dpa.urn-newsml-dpa-com-20090101-200602-99-276136, 03.06.2020

[204] ARD Tagesschau | k.A. | 03.06.2020 |
https://www.tagesschau.de/inland/neuinfektionen-landkreise-101.html, 04.06.2020

[205] Merkur | Martina Lippl | 03.06.2020 |
https://www.merkur.de/welt/corona-berlin-schlauchboote-spree-demo-wasser-landwehrkanal-polizei-abstand-zr-13784454.html,
13.06.2020

[206] ZDFheute | dpa | 04.06.2020 |
https://www.zdf.de/nachrichten/politik/coronavirus-konjunkturpaket-massnahmen-100.html, 05.06.2020

[207] BR Mediathek | Olaf Scholz | 04.06.2020 |
https://www.br.de/mediathek/video/olaf-scholz-mit-wumms-aus-der-krise-av:5ed928066e86f0001bbeafb5, 05.06.2020

[208] ZEITmagazin | Augustinum | 04.06.2020

[209] WELT | Axel Springer SE | 06.06.2020 |
https://www.welt.de/vermischtes/article209044137/Satellitenbilder-zeigen-So-hat-sich-die-Corona-Krise-auf-die-Umwelt-ausgewirkt.html,
08.06.2020

[210] ARD Tagesschau | k.A. | 06.06.2020 |
https://www.tagesschau.de/newsticker/liveblog-georgefloyd-101.html#Spahn-in-Sorge-wegen-dichten-Gedraenges-bei-Demonstrationen, 07.06.2020

[211] Imperial College London | Kate Wighton | 08.06.2020 |
https://www.imperial.ac.uk/news/198074/lockdown-school-closures-europe-have-prevented/, 16.06.2020

[212] ZEIT online | dpa, AFP, zz | 08.06.2020 |
https://www.zeit.de/wissen/gesundheit/2020-06/smartphone-corona-app-jens-spahn-tracing, 18.06.2020

[213] ARD Tagesschau | Dominik Lauck | 14.06.2020 |
https://www.tagesschau.de/inland/faq-corona-tracing-app-103.html,
18.06.2020

[214] Hessischer Verwaltungsgerichtshof | k.A. | 09.06.2020 |

https://www.juris.de/jportal/portal/page/homerl.psml?nid=jnachr-JUNA200602008&cmsuri=%2Fjuris%2Fde%2Fnachrichten%2Fzeigena chricht.jsp, 10.06.2020

[215]   ARD Tagesschau | Thomas Krüger i.I.m. Carina Braun | 11.06.2020 | https://www.tagesschau.de/wirtschaft/innenstaedte-corona-101.html, 12.06.2020

[216]   Deutsche Welle | k.A. | 13.06.2020 | https://www.dw.com/de/teile-von-peking-wegen-neuer-corona-f%C3%A4lle-abgeriegelt/av-53798603, 15.06.2020

[217]   Robert Koch-Institut | Täglicher Lagebericht | 14.06.2020 | https://www.rki.de/DE/Content/InfAZ/N/Neuartiges_Coronavirus/Situa tionsberichte/2020-06-14-de.pdf?__blob=publicationFile, 16.06.2020

[218]   ARD Tagesschau | k.A. | 15.06.2020 | https://www.tagesschau.de/inland/reisen-grenzen-deutschland-101.html, 16.06.2020

[219]   Online Lexikon für Psychologie und Pädagogik, Bumerang-Effekt | Werner Stangl | 2020 | https://lexikon.stangl.eu/22067/bumerangeffekt/, 27.06.2020

Von Oliver von Flotow sind unter anderem erschienen:

Wir tricksen euch aus

Kinder reden von dem, was sie denken, fühlen, wollen und tun.

Ein Bühnenspiel von Kindern für Erwachsene

Wie sehen Kinder ihre Eltern und Geschwister, Verwandte und Freunde? Was beschäftigt sie, was begeistert sie? Wovor haben sie Angst? Was nervt sie? Wie bewegen sie sich in einem unübersichtlichen Gelände voller Grenzen, an die sie unaufhörlich stoßen, voller Regeln, an denen sie sich immer wieder reiben, in einem Lebensabschnitt, in dem Emotionen ihre Wahrnehmung bestimmen?

Deutscher Theaterverlag – Weinheim 2012

Lara, fang an!

Nonnen, Molche, Masernpartys

Skurrile Geschichten und Gedichte. Von Lara, Anna und Tanja. Von verrückten Taxifahrern und fliegenden Sofas, von Molchen und Fischen, von Nonnen und Menschen. – Tiefsinnige Gedanken. Über große und kleine Kinder, über seltsame Rituale und über Sex unter Fichten.

epubli GmbH – Berlin 2013 – Taschenbuch und eBook

Krieg ist immer dumm

Kindheit. Flucht. Neubeginn.

Geflüchtete Kinder und Jugendliche erzählen von ihrer Heimat, über ihre Flucht und über ihr Leben in Deutschland. Einheimische Kinder ergänzen die Sicht auf ein Stück Zeitgeschehen.

FAU University Press – Band 4 der Reihe Erlanger Migrations- und Integrationsstudien – Erlangen 2017 – Broschierte Ausgabe

Verlag Oliver von Flotow – Aurachtal 2018 – 2. Auflage – Gebundene Ausgabe, 24 cm x 21,5 cm

Für eine vollständige Liste der Publikationen siehe www.iarik.de

Nachdem der Corona-Wahnsinn sich soweit gelegt hat, dürfen wir nun unsere Ehefrau, Schwester, Oma und Mutter beisetzen.

Aus einer Traueranzeige der Erlanger Nachrichten